Der Bodensee

Inhaltsverzeichnis

Beginn der Rundfahrt um den See

Herzlich willkommen am Bodensee

Dieser Touristik-Führer beschreibt in Kürze alle Orte am Bodensee und in seiner näheren Umgebung, die für den Besucher oder Urlauber sehenswert sind, einschließlich der Orte am Hochrhein bis hin nach Schaffhausen und zum berühmten Rheinfall.

Insgesamt beträgt die Uferlänge des Bodensees 273 km. Mit 173 km ist der deutsche Anteil daran der größte, die Schweiz ist mit 72 km beteiligt, Österreich mit 28 km. Bedingt durch die relativ große Strecke und die Vielzahl der Erholungsorte, empfiehlt es sich, die Erkundung des landschaftlich und kulturell sehr ergiebigen Uferstreifens auf mehrere Etappen zu verteilen. Um den während der Sommersaison oft sehr regen Autoverkehr auf den Uferstraßen zu vermeiden, sollte der Besucher kürzere Strecken zu Fuß oder mit dem Fahrrad zurücklegen, bei längeren die vielfältigen Möglichkeiten des Schiffsverkehrs nutzen. Mehr als vierzig Anlegestellen stehen im Bereich

Bodensee/Hochrhein zur Auswahl, 35 Fahrgastschiffe und zwei Fähren bieten Plätze für 19.000 Personen gleichzeitig. Koordinierte Fahrpläne der vier Gesellschaften sorgen für optimale Verbindungen. Im vorliegenden Führer beginnen wir in Meersburg, einer der touristischen Hochburgen, mit unserer Bodensee-Rundreise. Teil eins - mit roter Markierung der Ortskennzahlen - führt dann im Uhrzeigersinn um den Obersee, der mit 46 km Länge (Konstanz-Bregenz), 14 km Breite (Friedrichshafen- Arbon) und 500 km^2 Fläche den weitaus größten Seeabschnitt bildet. Neben Meersburg zu Beginn, und Konstanz, ganz am Ende, zählt besonders die Altstadt Lindaus zu den Highlights des Fremdenverkehrs. Der gelb markierte zweite Teil der Rundreise führt über rund 50 km um den Überlinger See zwischen der Blumeninsel Mainau über Überlingen bis nach Uhldingen- Mühlhofen, bekannt für sein Pfahlbaumuseum. Im dritten

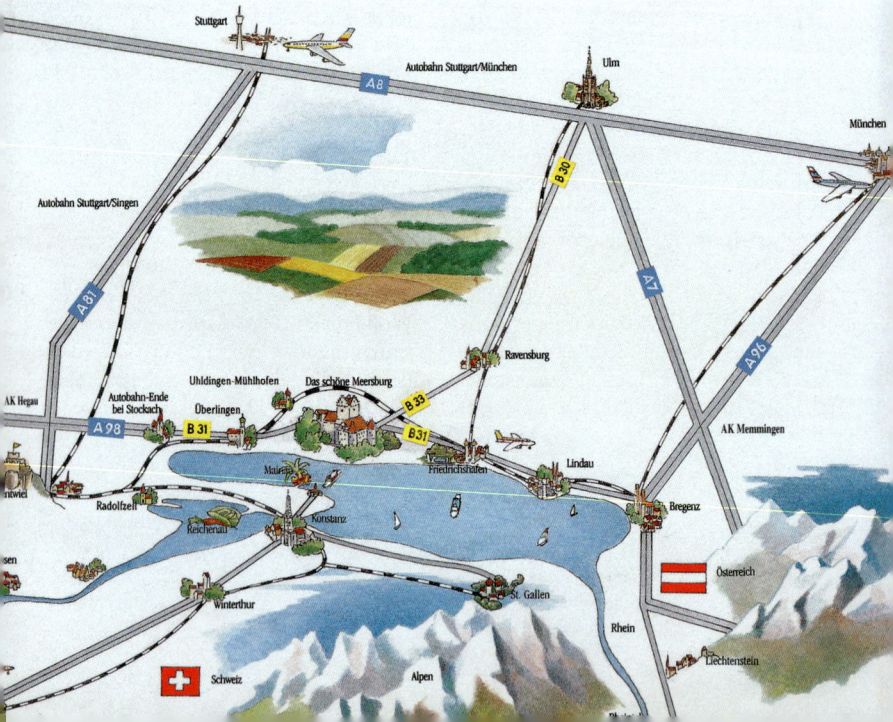

Teil - grüne Ortsziffern - beschreibt das Büchlein den Untersee mit der Insel Reichenau, Radolfzell und der Halbinsel Höri sowie die bekannten schweizerischen Touristenorte Stein am Rhein und Schaffhausen (mit Rheinfall), die zum Hochrhein gehören. Neben den Bodenseeorten weisen wir immer wieder auf Sehenswürdigkeiten und besonders schöne Aussichtspunkte hin, die in der Nähe liegen: das Rheintal aufwärts bis Liechtenstein, die Klöster St. Gallen und Salem, die Aussichtsberge Gehrenberg, Pfänder, Säntis und Hohentwiel sowie auf die Naturschutzgebiete bei Eriskirch, am Rheindelta, das Wollmatinger und das Ermatinger Ried. Der Bodensee in seiner heutigen Form entstand erst vor etwa 15.000 Jahren während der letzten Eiszeit, als der mächtige Rheingletscher das Bodenseebecken (heute noch bis 254 m tief) aushobelte. Am nördlichen Rand des Gletschers türmten sich die Geröllmassen der Endmoräne zu langgestreckten Höhenzügen auf, die man heute Drumlins nennt. Sie bilden z.B. den Bodanrück zwischen Überlinger See und Untersee, das Hinterland von Lindau und die Hügel auf der Insel Reichenau. Auch die zahlreichen kleinen Seen und Moore nahe beim Bodensee gehen in ihrer Entstehung auf den abschmelzenden Gletscher zurück.

Heute ist der See mit einem Wasservolumen von 48,5 km^3 Mitteleuropas größter Trinkwasserspeicher, der neben den Anrainerorten fast den gesamten süddeutschen Raum bis fast zum Main beliefert. Daneben jedoch ist er dank seiner bevorzugten Lage in bekannt mildem Klima und der Vielzahl seiner überlieferten Kulturschätze eines der meistbesuchten Reiseziele Deutschlands.

Berühmt sind die Wein- und Obstgärten besonders am Nordufer, von dessen Hügeln sich bei klarer Sicht herrliche Ausblicke über den See auf das Alpenpanorama im Süden bieten. Die Gärten wiederum liefern den Gästen erntefrisches Obst und Gemüse, aromatische Obstbranntweine und vollmundigen Wein. Im südlichsten Weinanbaugebiet Deutschlands reifen vor allem der rassige Müller-Thurgau und der süffige Spätburgunder, der in den Varianten „Roter Burgunder" (samtiger Rotwein) und „Weißherbst" (auch Rosé genannt, würziger, hellrot schimmernder Wein) ausgebaut wird. Dazu reicht man am Bodensee gern Fisch. Zwar werden die für die Gastronomie wichtigsten Fischarten fast ausschließlich in den staatlichen Fischbrutanstalten herangezogen, doch werden sie bald im See ausgesetzt und wachsen unter natürlichen Bedingungen heran: das bekannte „Felchen", in Bayern „Renke" genannt, der Barsch, hier als „Kretzer" oder „Egli" der beliebteste Bodenseefisch, Lachs (oder Rheinsalm), Aal, Äsche, Forelle, Hecht, Saibling, Trüsche, Wels (Waller) oder Zander.

Wassersportler sollten beachten, daß der Obersee bei Sturm bis zu 1,50 m hohe Wellen hervorbringen kann. Ansonsten schwankt der Wasserstand zwischen seinem Höchstpunkt im Sommer bis zum Niedrigststand um 2 m, was sich vor allem in den Schilfgebieten bemerkbar macht. Das liegt vor allem an der Schneeschmelze in den Alpen, deren Wasser meist über den Rhein dem Bodensee zustreben und die bis zum Hochsommer andauern. Insgesamt liefert der Rhein etwa 70% der gesamten Zuflußmenge von rund 10 Mrd. m^3 pro Jahr (320 m^3/s). Interessant ist auch die Wölbung des Wasserspiegels durch die Erdkrümmung: zwischen Konstanz und Bregenz sind es auf einer Länge von 46 km immerhin 41,5 m, so dass es unmöglich ist, auch bei klarster Sicht von einem Ufer das andere zu sehen.

Wir hoffen, dass dieses Büchlein Ihnen interessante Informationen über Ihr Feriengebiet liefert und dazu beiträgt, dass Sie einen erholsamen und dennoch lehrreichen Urlaub am Bodensee erleben.

Grüßgott, Servus, Grüezi

Machen Sie mal Ferien **auf** dem Bodensee. Gehen Sie mit der »Weißen Flotte« auf Entdeckungsfahrt. Den Bodensee und Rhein lernen Sie nur richtig kennen, wenn Sie ihn im wahrsten Sinne des Wortes »erfahren«. Auf dem Sonnendeck sitzen, durchatmen und entspannen. Erholung für jung und alt. Begleiten Sie uns auf unseren attraktiven Kursen. Einfacher und bequemer sind die schönsten Flecken am Bodensee und Rhein kaum zu erreichen.

Zu den bekanntesten Zielen fahren wir täglich. Zusätzlich bieten wir Ausflugsfahrten, Rundfahrten und ganztägige Kreuzfahrten zwischen Deutschland, der Schweiz und Österreich. An den Wochenenden können Sie auf dem Schiff bis spät in die Nacht tanzen und feiern. Oder Sie buchen unsere tollen »Leckerbissen«. Von der Internationalen Flottensternfahrt bis hin zu den Nachmittagsfahrten im Advent. Sie sind Glanzpunkte der Saison.
Egal für was Sie sich entscheiden. Ein Erlebnis mehr erwartet Sie auf jeden Fall. Das versprechen wir Ihnen. Lassen Sie sich eine frische Brise Wind um die Nase wehen. Genießen Sie die Sonne, die Gelassenheit, die fröhliche Gemeinschaft.

Platz gibt's genug. Ganz besonders natürlich für Kinder. Und dazu eine gute Küche. Denn Seeluft macht bekanntlich hungrig. Ob ein kleiner Imbiss oder Buffets für prächtige Feste. Unsere Bord-Gastronomie erfüllt Ihnen alle Wünsche. Übrigens, wenn Sie dieses »Meer-Erlebnis« mit Freunden oder Kollegen zusammen erfahren wollen: Kein Problem. Ob Hochzeit, Geburtstag, Betriebsfest oder Tagung. Chartern Sie einfach ein Schiff der »Weißen Flotte«.

Eine wirklich stolze Flotte, mit derzeit 15 komfortablen Motorschiffen, einer Fährverbindung im Stundentakt von Deutschland (Friedrichshafen) in die Schweiz (Romanshorn) für Passagiere, PKWs und LKWs sowie einem Motorboot. Unsere erfahrenen Kapitäne bringen Sie jederzeit ausgeruht und sicher ans gewünschte Ziel.

Zahlreiche Angebote wie der Bodensee-Pass, die Familienkarte, Tageskarten und Sondertarife für Radfahrer machen das Reisen auf dem Bodensee preisgünstiger. Informieren Sie sich an den Schiffslandestellen oder direkt auf den Schiffen. Es lohnt sich bestimmt.

Wir wünschen Ihnen ein wahrhaft grenzenloses Schiffsvergnügen.

Bodensee-Schiffsbetriebe GmbH
Hafenstraße 6 · 78462 Konstanz
Tel. 07531/3640-389 · Fax 3640-373
e-mail: info@bsb-online.com
internet: www.bsb-online.com

Ein schöner Tag auf dem Bodensee

1 MS »Graf Zeppelin«
2 Schiffsbegegnung im Hafen Meersburg
3 Flottensternfahrt
4 Einfahrt Lindauer Hafen
5 Panoramafahrt vor den Schweizer Alpen
6 Abendstimmung auf dem See

Die Erlebnis-Flotte

Meersburg

Obersee

1

Am Übergang vom großen Obersee zum Überlinger See liegt - gegenüber von Konstanz - eine der reizvollsten Städte am Bodensee: Meersburg (5000 Einwohner). Das Alte Schloss stammt in seinem Kern der Überlieferung nach aus dem 7. Jahrhundert. Die ehemalige Fischersiedlung im Bereich der heutigen Unterstadt wurde 1299 zur Stadt erhoben. Seine größte Bedeutung erlangte Meersburg in der Zeit ab 1526, als sie die Bischöfe von Konstanz -

Meersburg mit dem Oberstadttor, dem Neuen Schloss (links) und dem massigen Dagobertsturm des Alten Schlosses, im Hintergrund das Schweizer Ufer.

Meersburg Tourismus, Kirchstraße 4, 88709 Meersburg,
Telefon 07532/440-400, Fax 07532/440-40 40.
e-mail: info@meersburg.de, www.meersburg.de.
Altes Schloss: 1.3. bis 31.10. tägl. 9-18.30 Uhr, 1.11- 28.2. tägl. 10-18 Uhr,
letzter Einlass 30 Minuten vor Schließung. www.meersburg.com
Neues Schloss: April- Okt. tägl. 9-18.30 Uhr Nov.-März Sa., So., Feiertage 11-16 Uhr,
Führungen Mi., Sa., So. 14 Uhr.
Stadtmuseum: April- Oktober, Mittwoch, Donnerstag, Samstag 14-18 Uhr.
Weinbaumuseum: April- Okt., Dienstag, Freitag, Sonntag 14-18 Uhr.
Bibelgalerie: März - November, Dienstag- Sonntag 11-13 Uhr und 14-17 Uhr
Droste- Museum: April- Okt. 10-12.30 Uhr u. 14-18 Uhr, Sonn- und Feiertage 14-18 Uhr, montags geschlossen.
Galerie Bodenseekreis: April - Oktober, täglich außer Montag 11-17 Uhr.
Zeppelin Museum: April- Oktober tägl. 10-18 Uhr
Bildteppich- Galerie: Ostermontag bis 1.11., Mo. -Fr. 11-13 Uhr

vertrieben durch die Reformation in ihrer angestammten Residenz - zu ihrem Wohn- und Verwaltungssitz erkoren. Erst mit der Auflösung aller kirchlichen Herrschaftsgebiete 1803 durch Napoleon endete auch Meersburgs glanzvollste Ära.

Den besten Überblick über die Stadt hat der Besucher vom See aus: Gegen den Himmel erkennt er von links die Stadtkirche, dann den massigen Dagoberts-Turm und die übrigen Gebäude des Alten Schlosses, das barocke Neue Schloss und schließlich - über den Rebhängen - die breitgelagerten Fassaden des Staatsweinguts und des ehemaligen Priesterseminars. Zwischen diesen beiden befindet sich mit dem „Känzele" ein schöner Aussichtspunkt über den Bodensee. Die Hotels „Wilder Mann" und „Zum Schiff", links, bilden die Kontrapunkte zum hübschen Staffelgiebel des Gredhauses, einem ehemaligen Kornspeicher.

Das Rondell am Ende der Mole ziert seit neuestem die „Magische Säule"

des Bodmaner Künstlers Peter Lenk, dessen Werke u.a. auch in Konstanz und Schwerin zu bewundern sind. Wie dort hat er auch hier Ereignisse aus der Lokalhistorie in der ihm typischen Art aufgespießt: den Arzt Dr. Mesmer, der mit Hilfe des Magnetismus zu heilen versuchte, im Käfig seine Widersacher; den Wunderheiler Gaßner, der die Krankheiten und Gebrechen als Teufel ansah, die man in Form von Blähungen zum Hinausfahren zwingen musste – samt seinem Widersacher, dem Meersburger Bischof -, den Freiherrn von Lassberg samt seinem Steckenpferd, seiner Verehrung der längst vergangenen Ritterzeit, und den Meersburger Amor, der ihn mehrmals mit seinem Pfeil traf. Drastisch symbolhaft auch das Edelfräulein Wendelgard, dessen einzige Schönheit ein wertvolles Weingut, die Haltnau, gewesen sein soll. Und über allen, in 15m Höhe, schwebt die Dichterin Annette von Droste-Hülshoff, die sich in Gestalt einer Möwe nach dem Wind dreht. Hier am Denkmal beginnen wir

Meersburg:
Das mächtige Gred-
haus bei der
Schiffsanlegestelle.

einen Rundgang zu den weiteren Sehenswürdigkeiten der Stadt. Vor dem **Gredhaus** (1505) legen die Kursschiffe nach Konstanz, Mainau, Überlingen, Friedrichshafen, Lindau und Bregenz an und ab (Fahrkarten im Gredhaus). Das Eckgebäude, heute Hotel „Zum Schiff", war früher Kapitelhof des Domstifts Konstanz. Wo sich die Seepromenade zum Bismarckplatz erweitert, bildet das Unterstadttor (Seetor), ein Rest der Stadtbefestigung, den Eingang

zur Unterstadtstraße. Nach wenigen Metern erreichen wir das Gebäude des Winzervereins, das ebenso an die jahrhundertelange Weinbautradition erinnert wie die anderen hohen Gebäude mit ihren tiefen Kellern. Nahe dem Tor versteckt sich, aus der Häuserzeile nach hinten versetzt, die Unterstadtkapelle. 1390 als Burgkapelle erbaut, wurde sie im 16. Jahrhundert umgestaltet und ausgemalt. Sehenswert sind besonders die kunstvoll geschnitzten gotischen Altäre (15. Jh.).

Meersburg:
„Magische Säule"
des Bodmaner
Künstlers
Peter Lenk.

Meersburg: Unterstadtstraße mit Unterstadttor.

Meersburg: Blütenzauber vor dem Alten Schloss. Dort lebte die Dichterin Annette von Droste-Hülshoff bei ihren Aufenthalten am Bodensee von 1841 bis zu ihrem Tod 1848.

Meersburg, Altes Schloss: Annette von Droste-Hülshoff.

An der Außenseite des Stadttors halten wir uns rechts und gehen die wenigen Meter aufwärts zum **Alten Schloss (Burg Meersburg)**. Obwohl erst 1113 urkundlich erwähnt, ist es in seinem Kern bedeutend älter. Über die Welfen und Hohenstaufer gelangte die Burg 1268 an die Fürstbischöfe von Konstanz, die sie als Sommerwohnsitz und ab 1526 als Residenz nutzten. 1750 zogen sie dann in das feudale Neue Schloss, bis 1803 ihre weltliche Herrschaft endete. Das Alte Schloss wurde kurzfristig Staatsbesitz, ehe es 1838 Freiherr Joseph von Laßberg, der Schwager der Dichterin Annette von Droste-Hülshoff (1797-1848), erwarb. Auch heute noch befindet es sich in Privatbesitz und kann ganzjährig auf einem gut erläuterten Museumsrundgang selbstständig erkundet werden. Der Streifzug durch Dürnitz, Palas, Burgküche, Brunnenstube, Waffenhalle, Rittersaal, Burgverlies, Fürstensaal, Burgkapellen, Wehrgänge, den romantischen Burggarten versetzt den Besucher in längst vergangene Jahrhunderte. Auch die Räume, die Annette von Droste-Hülshoff („Die Judenbuche" / „Der Knabe im Moor") bei ihren Besuchen am Bodensee bewohnte (Arbeitszimmer und Sterbezimmer), können besichtigt werden. Mittelalterliche Truhen und Schränke sowie Rüstungen, Helme, Streitkeulen, Morgensterne und Beile geben uns Zeugnis von der Bestimmung der Burg in früheren Zeiten.

Meersburg, Altes Schloss: Sterbezimmer der Annette von Droste-Hülshoff.

Arbeitszimmer der Dichterin.

Waffenhalle.

*Meersburg,
Altes Schloss:
Saal im Palas
(um 1330).*

Rittersaal (13. Jh.).

*Torbau (16. Jh.) mit spätgotischem
Kreuz.*

Mit dem Alten Schloss haben wir bereits die Höhe der Oberstadt erreicht, die auf tertiärem Molassefels erbaut ist. Am Bärenbrunnen gelangen wir zurück zur Steigstraße, der wir weiter bergan folgen. Rechts steht das eher unauffällige ehemalige Herdersche Haus, das dem Gründer des Herderverlags (1801) gehörte, gegenüber der hübsche Fachwerkbau des Lochnerhauses. Unterhalb dieser imponierenden Front von historischen Fachwerkhäusern führt die Winzergasse auf einen kleinen Platz mit dem „Schnabelgierebrunnen", einer Stiftung der Narrenzunft. In dieser Gasse haben sich einige Künstler und Kunsthandwerker angesiedelt, angezogen vom unvergleichlich romantischen Flair der Altstadt.

Eine Treppe führt hinauf zum Platz vor der Stadtkirche. Rechts in den Gebäuden des Alten Klosters, einem ehemaligen Dominikanerinnen-Konvent, hat die Stadt ihr Verkehrsamt untergebracht. Andere Klosterräume dienen der Bibelgalerie als Domizil. In einer einzigartigen Erlebnisausstellung hat man es geschafft, Exponate zur Welt der Bibel, aber auch die Gutenbergpresse (mit Druckvorführungen) und den Computer (Quiz) in einem Museum sinnvoll zusammenzubringen. Auch das Stadtmuseum mit seiner Sammlung zur politischen und kunsthistorischen Vergangenheit Meersburgs liegt an der Kirchstraße, die bald in den Marktplatz mündet. Unter den historischen Bürgerhäusern imponieren besonders die Hotels „Zum Löwen" und „Zum Bären", dessen romantischer Erker - mit dem Obertor im Hintergrund - zu den bekanntesten Bildern deutscher Städte gehört.

Meersburg: historische Fachwerk-Bürgerhäuser in der Steigstraße. Hinten der Erker des Hotels „Zum Bären" und das Obertor.

Meersburg: Marktplatz mit dem romantisch umrankten Erker des Hotels „Zum Bären" und dem Obertor, eines der berühmtesten Städtebilder am Bodensee.

Meersburg:
Paradezimmer
im Fürstenhäusle.

Außerhalb des Stadttors führt die Stettener Straße, rechts, in Richtung Friedrichshafen. Ein romantisches Gartenhäuschen, zu erreichen über eine befestigte Treppe, erhebt sich hier über dem Weinberg. Nach ihren einstigen Besitzern, den Fürstbischöfen von Konstanz, heißt es noch heute „Fürstenhäusle". 1843 ersteigerte Annette von Droste- Hülshoff das Anwesen und ließ sich hier von dem herrlichen Seeblick inspirieren. Im Gebäude ist heute das „Droste-Museum" eingerichtet. Ein Rundgang führt durch die 6 Räume (u.a. „Paradezimmer" und „Schwalbennest"), die alle mit den Möbeln der Dichterin und ihrer Familie eingerichtet sind. Originalhandschriften und Scherenschnitte, Gemälde und Schmuck, Porzellan und Teile ihrer Mineraliensammlung halten das Andenken an die Dichterin aufrecht.

Oberhalb vom Fürstenhäusle - die Stettener Straße zurück, dann etwa 10 Minuten rechts die Mesmerstraße hinauf - erstreckt sich der Meersburger Friedhof. Neben der gotischen Kapelle mit ihren alten Schnitzaltären finden Besucher hier auch die Gräber der Annette von Droste-Hülshoff, ihres Schwagers, des Freiherrn von Laßberg, sowie des Franz Anton Mesmer, der die Magnetfelder in Tier und Mensch erforschte. Biegen wir auf dem Rück-

weg vom Friedhof rechts in die Von-Laßberg-Straße ein, so erreichen wir bald mit der Friedrichshöhe einen der schönsten Aussichtsplätze über Altstadt und See. Der kurz zuvor passierte Treppenweg leitet uns zur Mesmerstraße und zur Altstadt zurück, wo wir durch das Obertor erneut den Marktplatz erreichen. Hier durchqueren wir das Falbentor unter dem Rathaus (1551). Rechts steht der Rotsche Hof, links der ehemalige Schussenrieder Hof, beides historische Gebäude aus der Zeit der fürstbischöflichen Regierung. Unterhalb des Schussenrieder Hofs beginnt die romantische Vorburggasse, in der das Sterbehaus des Franz Anton Mesmer steht. Heute ist hier ein Weinbaumuseum eingerichtet, dessen besondere Anziehungspunkte ein mächtiger „Torkel" (Weinpresse) und das riesige „Türkenfass" (50.160 l) sind. Ebenso wie beim Winzerverein, beim Staatsweingut und im „Haus der Guten Weine" (Schützenstr. 1) kann man für eine Gruppe auch Weinproben vereinbaren.

Am historischen „Roten Haus" mündet die Gasse in den Schlossplatz. Dort erwartet Sie links von der Schlosskirche die farbenprächtige Austellung der Meersburger Bildteppiche. Das weltbekannte Atelier von Edith Müller-Ortloff und Nachfolgerin fasziniert mit imposanten Bildknüpfereien, Gobelins

14

Meersburg: Mittelbau des Neuen Schlosses gegen den Schlossplatz.

sowie Seidenbatik und- Malereien. 5 Goldmedaillen, internationale Preise und Aufträge empfehlen den Besuch dieser Ausstellung. Ebenso geht das Zeppelinmuseum (Schlossplatz 8) auf eine private Initiative zurück. Hier sind neben Zeppelinmodellen vor allem seine Uniformen samt der berühmten Leichtmetallmütze ausgestellt. Den südlichen Abschluss des nach historischem Vorbild gepflasterten Platzes bildet die Fassade des Neuen Schlosses. Ab 1710 erbaut und 1759 bezugsfertig, beeindruckt das Ensemble durch hochherrschaftliche Architektur und Ausstattung aus den drei Kunstepochen Barock, Rokoko und Klassizismus. Ab da bis zur Auflösung des Fürstbistums Konstanz (1802) diente es den Fürstbischöfen als repräsentative Residenz. Die Außenfassade besticht durch fein geschwungene Giebel und reiche Ornamente, das Innere vor allem durch kunstvolle Stuckarbeiten und Fresken. Das monumentale Treppenhaus mit seinen filigranen schmiedeeisernen Gittern und den prächtigen Deckengemälden stammt vom berühmten Barockarchitekten Balthasar Neumann.

Nach wechselvoller Geschichte im Besitz des Landes Baden (bis 1955) gehört das Neue Schloss heute dem Land Baden-Württemberg. Die prunkvollen Wohnräume im 2. Obergeschoss und der repräsentative Spiegelsaal beherbergen seit April 2012 ein Museum mit zeitgemäßem Besichtigungskonzept. Gezeigt werden Gemälde und Gegenstände der Themenbereiche fürstbischöfliche Jagd, Musik bei Hof, Naturalienkabinett und die spätere Entwicklung der Stadt Meersburg.

Andere Teile des Schlosses bieten Raum für Sonderausstellungen und Veranstaltungen.

Von der breitgelagerten Schlossterrasse aus hat der Besucher einen sehr schönen Rundblick über Meersburgs Unterstadt und den Bodensee. Die einstige Schlosskapelle im Ostflügel wird als evangelische Kirche genutzt und gefällt vor allem wegen ihrer harmonischen Stuckaturen (Joseph Anton Feuchtmayer) und der phantasiereichen Fresken. An der Südwestecke des Schlossplatzes gefällt der schöne Treppengiebel der ehemaligen Hofapotheke. Bei ihr beginnt die Höllgasse, in der neben anderen schönen Fassaden besonders die herrlich berankte Front der „Winzerstube zum Becher" imponiert. Vom unteren Bereich der Höllgasse werfen wir noch einen letzten Blick auf den altersgrauen Torbau des Alten Schlosses mit seiner Holzbrücke und dem Denkmal seiner berühmtesten Bewohnerin, ehe wir über den Burgweg die Oberstadt verlassen. In der künstlich geschaffenen

*Meersburg, Neues Schloss: Barock-Treppenhaus nach Plänen des berühm-
ten Baumeisters Balthasar Neumann.*

Meersburg: Blick auf die Altstadt. Schön sind das Alte und Neue Schloss zu erkennen.

Schlucht unterhalb der Feste kommen wir zunächst an der Schlossmühle vorbei. 1620 erbaut, begeistert ihr oberschlächtiges Wasserrad von 8,50 m Durchmesser - das größte in Deutschland - die Gäste der Stadt. Unter der Holzbrücke hindurch, die früher als Zugbrücke konstruiert war, nähern wir uns Stufe für Stufe dem Niveau des Bodensees, während wir immer wieder bewundernd stehen bleiben und den Ausblick über den blitzenden See genießen. In Verlängerung der Unterstadtstraße führt die Uferpromenade als Wanderweg zum nächsten Ort am See, Hagnau. In diesem Bereich sind auch fast alle Freizeiteinrichtungen integriert, die sich der Wasserfreund wünschen kann: Bootsverleih und Anlegestelle für die Personenschiffe, beheiztes Freibad mit Thermalbecken (33°C) und der Möglichkeit, im klaren Wasser des Bodensees zu schwimmen, Anlegestelle für Windsurfer, Segelhafen mit Segelbootsverleih und Jachtschule sowie der Jachthafen, dazu ein Minigolf- und Trimmplatz für „Trockenübungen". Am Hang ziehen sich Weinberge hinauf, die Vorfreude

aufkommen lassen auf die abendliche Dämmerstunde in einem der gastlichen Lokale, wo der Besucher einen erlebnisreichen Tag ausklingen lassen kann bei rassigem Meersburger Müller-Thurgau oder Spätburgunder Weißherbst, bei Felchen oder Egli (Bodenseebarsch) zu frischem Gemüse in entspannter Atmosphäre. Von Meersburg aus lohnt ein kurzer Abstecher ins „Binnenland" in Richtung Markdorf (B 33, 5 km). Unterwegs machen wir im Ortsteil Ittendorf zunächst kurz Halt, wo wir die Staffelgiebel-Fassade des Schlosses und die kath. Pfarrkirche St. Martin besichtigen. Drei der mittelalterlichen Wehrtürme (13. Jh.) prägen das Stadtbild des Hauptortes ebenso mit wie das Schloss der Bischöfe von Konstanz (14./16./18. Jh., einst Sommerresidenz) und die ehemalige Kollegiatstiftskirche St. Nikolaus (13./14. Jh.) mit barocken Einbauten und einer wertvollen Schutzmantelmadonna (um 1470). Ein Fußweg von etwa einer Stunde führt auf Markdorfs Hausberg, den Gehrenberg. Von seiner Höhe (754 m ü.M.) hat man bei klarer Luft eine phantastische Fernsicht über die Alpenketten.

Hagnau

Lediglich 3 km sind es auf dem Uferweg oder dem Höhenweg zu Fuß oder per Fahrrad von Meersburg nach Hagnau (1400 Einw.), ein „Katzensprung" erst recht mit dem Linienschiff oder dem PKW über die B 31. Vom Parkplatz am Ortseingang führt die Kapellenstraße direkt hinunter zum Seeufer mit der Schiffslandestelle.

Seit Jahrhunderten bestimmen Weinbau und Fischerei das Wirtschaftsleben in dem idyllischen Dorf am nördlichen Seeufer, heute sind Obstbau und Fremdenverkehr dazugekommen.

Von der Kapellenstraße aus führt die Seestraße nach Osten, markiert auch durch das romantische „Malerhäusle" mit seinem Fachwerkaufbau. Ganz nahe zeigen der Irseer Hof (mächtiger Steinbau mit Walmdach) und das fürstbischöfliche Zehnthaus (rechts) an, welche Bedeutung dem fruchtbaren Landstrich von Seiten der kirchlichen Herren zugemessen wurde. Vorbei an der Tourist-Information, überqueren wir die nächste Straße und erblicken nach etwa 100 m links den einstigen Weingartner Hof, dessen Tordurchfahrt die

Blick über Hagnau mit der kath. Pfarrkirche auf das schweizerische Ufer mit den schneebedeckten Gipfeln der Alpen.

Tourist-Information, Im Hof 1, 88709 Hagnau, Telefon 07532/4300-43, Fax 4300-40 www.hagnau.de Das kleine Museum: Geöffnet auf telefonische Anfrage. Tel. 07532/9991, Fax 446811

schmale Straße überspannt. Hier sind heute u.a. das Rathaus und der Winzerverein untergebracht. Wir bleiben aber zunächst am Seeufer, ehe wir vor dem Minigolfplatz nach links abbiegen. Hier steht unter einer Überdachung eine interessante Weinpresse, ein ursprünglicher „Baumtorkel" (1747), von dessen Bauweise in Deutschland kaum mehr als zehn erhalten sind. Er arbeitete mit Hilfe einer Spindel nach dem Prinzip des einarmigen Hebels. 5 Knechte mussten hier 8 Stunden lang arbeiten, ehe bis zu 5 t Trauben ausgepreßt waren. Er ist der letzte von rund 30 seiner Art, die einst im Weindorf Hagnau die reifen Früchte des Jahres in köstlichen Wein verwandelten. Wir überqueren zuerst den Rathaushof links und dann die Strandbadstraße. So erreichen wir nach etwa 50 m das Wahrzeichen Hagnaus, die spätgotische Pfarrkirche St. Johann Baptist. Der markante 48 m hohe Turm stammt teilweise noch aus romanischer Zeit, während Schiff und Chor 1729 barock umgebaut wurden. Aus dem 15. Jahrhundert sind noch zwei qualitätvolle Schnitzfiguren erhalten. Die berühmteste jedoch ist seit Februar 1963 in der schweizerischen Kirche des Klosters Münsterlingen untergebracht. Nach einem jahrhundertealten Brauch nämlich wird bei jeder „Seegfrörne" - wenn der See vollständig zugefroren ist - die Büste des Evangelisten Johannes (16. Jh.) zwischen Hagnau und Münsterlingen in feierlicher Prozession über das Eis getragen. Sie wechselt ihren Standort erst wieder bei der nächsten „Seegfrörne", was erfahrungsgemäß viele Jahre dauern kann. In dieser Kirche wirkte von 1869-1884 der Pfarrer Heinrich Hansjakob, der sich u.a. als Schriftsteller und als aktiver Politiker einen Namen machte. Er gründete 1881 in Hagnau die erste Winzergenossenschaft Badens und verhalf den einheimischen Weinbauern damit zu angemessenen Preisen für ihre verbesserten Rebsorten. Auf der Rückseite der katholischen

Hagnau: Vor der Rathausfassade das Standbild von Pfarrer Hansjakob.

Kirche inmitten der Weinberge liegt der Salmannsweiler Hof, ein prächtiger Fachwerkbau mit Staffelgiebel und Halbwalm. Zurück auf dem Kirchweg, folgen wir diesem nach rechts zu einem weiteren historischen Fachwerkhaus, dem Hotel, Restaurant und Café „Zum Löwen", einem mächtigen Doppelwalmgebäude. Die nächste Straße rechts, die Winzerstraße, führt uns zum letzten der klösterlichen Amtshäuser in Hagnau, der ausgedehnten Dreiflügel-Anlage des Schussenrieder Hofs. Auf unserem Rückweg in Richtung Parkplatz - hier in der Hauptstraße - bzw. Schifflandestelle passieren wir die vollautomatische Hotel-Informationsanlage vor dem Hagnauer Hof, die uns über die Belegung der zahlreichen Gästebetten Auskunft gibt. Für den Aktivurlauber bietet das Dorf mit Möglichkeiten zum Schwimmen (im Naturstrandbad) und Angeln, Segeln und Surfen, für Tennis und Minigolf, zum Radeln und Wandern (40 km markierte Radwanderwege, auch Obst- und Weinlehrpfad) erstaunlich viele Möglichkeiten. Für weniger Sportliche empfehlen sich zudem ein Besuch im „Kleinen Museum" (Puppenstuben und Spielzeug), eine Pferdekutschfahrt oder eine Schifffahrt über den Bodensee.

Immenstaad

4 km östlich von Hagnau liegt der ruhige Erholungsort Immenstaad (5900 Einwohner). Auf dem Weg dorthin, bereits kurz hinter Hagnau, lohnt ein Abstecher in Immenstaads Ortsteil Frenkenbach mit seiner romanischen Wehrkirche St. Oswald (um 1200), einer der ältesten Kirchen im gesamten Linzgau.

Auf halbem Weg zwischen Hagnau und Immenstaad liegt das erste der drei Schlösser Immenstaads, Schloss Kirchberg, im 18. Jahrhundert als Sommersitz des Zisterzienserklosters Salem erbaut. Eine Straße führt gegenüber dem Schloss zu einem weiteren Ortsteil Immenstaads, nach

Immenstaad: Schloss Kirchberg, erbaut im 18. Jahrhundert als Sommersitz des Zisterzienserklosters Salem.

Tourist-Information, Dr. Zimmermann-Str. 1, 88090 Immenstaad, Telefon 07545/201-110, Fax 201-208. www.immenstaad.de Heimatmuseum im Haus "Montfort": *April bis September; Samstag, Sonntag, Feiertage 12 - 14 und 18 - 20 Uhr.*

Immenstaad: Fachwerkbau „Schwörerhaus" (1587), dahinter die spätgotische Pfarrkirche St. Jodokus.

Kippenhausen. Seine spätgotische Kirche Mariä Himmelfahrt wurde im 18. Jahrhundert barock umgebaut. Im Ort ist das Puppenmuseum mit Puppenhäusern und -stuben aus der Spielwelt vergangener Zeiten und im prächtig renovierten Haus „Montfort" das Heimatmuseum und eine Galerie mit Wechselausstellungen zu besichtigen. Zwischen Kippenhausen und Schloss Hersberg erhebt sich rechts der Hohberg immerhin fast 60 m über das Niveau des Bodensees und ermöglicht einen guten Ausblick. Vorbei an gepflegten Obstkulturen, Weinbergen, Wiesen und schließlich Schloss Hersberg erreichen wir das Zentrum von Immenstaad, markiert durch die Pfarrkirche St. Jodokus. Das spätgotische Gotteshaus gefällt besonders durch seinen markanten, wehrhaft wirkenden Turm. Der Pfarrkirche südlich gegenüber steht die St.-Michael-Kapelle (erbaut 1710), die der Barockzeit entstammt, östlich ein 1587 erbautes, typisch allemannisch gestelzter Fachwerkbau, das Schwörerhaus. Die Bachstraße führt hinunter zur Schiffslandestelle, der auch ein Jachthafen angegliedert ist. Einen zweiten Jachthafen nebst Campingplatz hat der Ort beim bereits genannten Schloss Kirchberg, einen dritten, ebenfalls mit Campingplatz kombiniert, bei Schloss Helmsdorf, etwa 1 km östlich vom Ortszentrum. Aber auch sonst bietet der Ort ein buntes Freizeitprogramm für die ganze Familie an. Mit einem Gästebetreuer werden in der Saison geführte Ausflüge, Radtouren, Wassergymnastik, Minigolfturnier und vieles mehr organisiert. Mit seinem Strandbad und dem ganzjährig geöffneten Hallenbad ist er für alle Wetterbedingungen eingerichtet.

Ein besonderes Highlight in Immenstaad ist eine Fahrt auf der historischen „Lädine". Diese Lastensegler fuhren fast 500 Jahre lang bis ins vergangene Jahrhundert auf dem Bodensee. Fahrzeiten unter Info-Tel. 0151-151 30 880, www.laedine.de

Friedrichshafen

Von Immenstaad nach Friedrichshafen sind es auf der B 31 10 km, doch bereits 2 km hinter Schloss Helmsdorf erreichen wir mit Fischbach einen Stadtteil Friedrichshafens und - nach unserem Aufenthalt in Baden - den ers-

Friedrichshafen aus der Luft gesehen: am Ufer über dem großen Bootshafen das moderne Graf-Zeppelin-Haus, auf der Halbinsel die Türme der Schlosskirche.

Tourist-Information, Postfach 2460, 88014 Friedrichshafen, Telefon 07541/3001-0, Fax 72588. www.friedrichshafen.info
Zeppelin Museum "Technik und Kunst": *Mai-Oktober täglich 9-17 Uhr, November bis April Dienstag bis Sonntag 10-17 Uhr.*
Schlosskirche: *Mitte April bis Okt. 9-18 Uhr.*
Schulmuseum: *April bis Okt. tägl. 10-17 Uhr, Nov. bis März tägl. außer Montag 14-17 Uhr.*
Dornier Museum: *Mai-Oktober täglich 10-18 Uhr, Nov.-April Di. bis So. 10-17 Uhr*

ten württembergischen Ort. Idyllisch zwischen Obstgärten und Wiesen gelegen, ist er vor allem wegen seinem Frei- und Seebad mit Naturstrand im Sommer sehr beliebt.

Nach weiteren 2 km folgt der Stadtteil Manzell, ein Industrievorort von Friedrichshafen. Hier montierte Graf Ferdinand von Zeppelin in einer schwimmenden Halle das erste lenkbare Luftschiff, das 128 m lange „LZ 1", das sich am 2. Juli 1900 hier erstmals in die Luft erhob. 1909 siedelte Zeppelin nach Friedrichshafen über, dafür gründete wenig später Claudius Dornier in Manzell seine Flugzeugwerft (1914), die sich vor allem auf Flugboote und Amphibienflugzeuge spezialisierte. Nach zehnjähriger Unterbrechung am Ende des 2. Weltkriegs nahm das Werk 1955 die Produktion von Flugzeugen wieder auf und betreibt sie noch heute, wenn auch inzwischen unter dem Dach der Daimler-Chrysler-AG.

Nach weiteren 5 km erreichen wir das Zentrum der Kreisstadt Friedrichshafen, mit 55.000 Einwohnern der nach Konstanz zweitgrößten Stadt am Bodensee. Sie erhielt ihren Namen nach dem ersten württembergischen König Friedrich I., der die alte Stadt Buchhorn (9. Jh., Stadtrechte 1215, Freie Reichsstadt 1275-1802) mit dem Dorf Hofen vereinigte und den Hafen anlegen ließ. Der Bau der Luftschiffe machte Friedrichshafen berühmt, bei angekündigten Starts und Landungen erschienen riesige Zuschauermengen. Im 1. Weltkrieg wurden aus Zeppelinen Paris und London bombardiert, doch waren die „Himmelszigarren" andererseits ein leichtes Ziel für Gegenangriffe. Bereits 1917 sah man ein, dass Zeppeline bei der Entwicklung der modernen Luftfahrt nicht mithalten konnten. Die Zeppelinwerke hatten jedoch bereits 1912 mit dem Bau von Militärflugzeugen begonnen und sich

Friedrichshafen: historische Aufnahme eines Luftschiffs LZ 127 „Graf Zeppelin", dem 1929 die Umrundung der Erde gelang.

der Veränderung angepasst. Dennoch wurden in kleinen Serien weiterhin Luftschiffe gebaut wie das „LZ 127", dem 1929 eine Rundfahrt um die Erde gelang, und das „LZ 129" - 245 m lang, 41 m Durchmesser. Zu diesem Typ gehörte die „Hindenburg", die am 6. Mai 1937 auf ihrer 11. Nordamerikafahrt bei der Landung in Lakehurst (USA) verunglückte und damit das Ende der Luftschiff-Ära bedeutete. Das **Zeppelin Museum Friedrichshafen** wurde 1996 auf einer Fläche von etwa 4000

Grafen Zeppelin. Über ein Fallreep gelangen die Besucher in eine 33 m lange Rekonstruktion der Passagier- und Mannschaftsräume des o.g. „LZ 129-Hindenburg", eine wohl einmalige Attraktion in unserer schnelllebigen Welt. Seit 1997 steigt wieder ein Zeppelin über Friedrichshafen und den Bodensee auf. Es handelt sich um die Neuentwicklung "Zeppelin Neuer Technologien", kurz LZ N07 genannt. Mit einer Länge von 69 m und 14 m Durchmesser kann er neben 2 Piloten

Mit dem Zeppelin NT beginnt die neue Zukunft der Luftschifffahrt.

Schreibsalon im LZ 129.

Zeppelin Museum: Kunstabteilung.

m² im ehemaligen Hafenbahnhof am Schiffs- und Fährhafen eröffnet. Diese weltweit größte Sammlung zur Geschichte der Luftschifffahrt dokumentiert in Bildern und Modellen deren Entwicklung und das Leben des

immerhin 12 Passagiere in seiner schneeweißen Kabine transportieren. Dem Zeppelin Museum angegliedert ist eine bedeutende Sammlung zur Kunst des Bodenseeraums ab dem späten Mittelalter.

Ab 1943 erlebte Friedrichshafen das Schicksal vieler deutscher Industriestädte: massive Bombenangriffe und damit weitgehend die Zerstörung historischer Bausubstanz. So beschränkt sich in Friedrichshafen die Ansammlung von Sehenswürdigkeiten weitgehend auf den Uferbereich wie hier vor dem Hafenbahnhof. Neben den Passagierschiffen für den Ausflugsverkehr legt hier vor allem auch die wichtige Autofähre nach Romanshorn (Schweiz) ab und an, zugleich Anziehungspunkt auch für motorisierte Gäste. Wir folgen nun der Seestraße und der anschließenden Uferstraße - mit herrlichem Seeblick - in Richtung Westen. Ein Denkmal im Stadtgarten in Höhe des Jachthafens erinnert ebenso an Friedrichshafens berühmtesten Sohn wie das folgende postmoderne Graf-Zeppelin Haus. Es entstand als zeitgemäßes Kultur- und Tagungszentrum mit Räumen für 5 bis 1500 Personen, angeschlossen ist ein Restaurant mit Aussichts-Café und einer Bürgerstube samt Kegelbahnen.

Wir verlassen nun die Uferpromenade - eine der längsten und schönsten am ganzen Bodensee - und gelangen über die Olgastraße zur Friedrichstraße, der wir kurz nach links folgen. Hier treffen wir auf das **Schulmuseum**, das vor allem durch seine drei original eingerichteten Klassenzimmer der Jahre 1850, 1900 und 1930 begeistert. In weiteren 16 Räumen zeigt es Zeugnisse aus der Entwicklung der Schulen seit der Zeit der Klosterschule - einschließlich der Strafen, der Lehr- und Lernmittel sowie der Arbeitsbedingungen für Lehrerinnen und Lehrer.

Wenige Meter die Friedrichs- und die Olgastraße zurück, folgen wir der rechts abzweigenden Klosterstraße. In einem weitläufigen Parkgelände erkennen wir schon von weitem die 55 m hohen „Zwiebeltürme" der **Schlosskirche**, die das Wahrzeichen der Stadt sind. Erbaut 1695- 1701 unter dem Baumeister Christian Thumb, gilt sie als eine der schönsten Barockkirchen Oberschwabens. Seit 1812 wird sie - mit Unterbrechung 1944-51 wegen

Friedrichshafen: Wahrzeichen der Stadt sind die barocken Turmzwiebeln der sehenswerten Schlosskirche (1695-1701).

Kriegszerstörung und Renovierung - als evangelisches Gotteshaus genutzt. Eine Innenbesichtigung lohnt wegen der kunstreichen Stuckaturen (Wessobrunner Schule). Die Kirche gehörte bis 1802 zum Kloster Hofen, dessen Gebäude 1654 im Auftrag der Benediktiner von Weingarten errichtet worden waren. Nach der Säkularisation 1802 gelangte das Anwesen in Staatsbesitz, wurde umgebaut und zwischen 1824 und 1918 als Sommersitz der württembergischen Könige genutzt. Heute unterhält hier Friedrich Herzog von Württemberg seinen Wohnsitz. Das Schloss sowie auch der Park sind daher für die Öffentlichkeit nicht zugänglich. In Verlängerung der Klosterstraße liegt Friedrichshafens Strandbad, Hallenbäder gibt es in der Ehlerstraße und im Stadtteil Ailingen.

Der Vorteil einer recht großen Fremdenverkehrsstadt wie Friedrichshafen gegenüber den kleineren Konkurrenten liegt zweifelsohne beim größeren Freizeitangebot. Neben vielen Möglichkeiten des Wassersports (Angeln, Schwimmen, Bootfahren, Segeln und Windsurfing) gibt es hier selbstver-

ständlich auch solche für Billard, Kegeln, Minigolf, Tennis, Radfahren und Reiten sowie ausgefallenere wie Badminton und Squash, Discotheken und Saunieren, Kart, Ballonfahren und Rundflüge. Tatsächlich, Friedrichshafen besitzt im nordöstlichen Stadtteil Löwental einen eigenen Flugplatz mit Linienverbindung nach Stuttgart, Frankfurt, Berlin, Zürich und Genf.

Am Flugplatzgelände eröffnete im Jahre 2009 auf einer Fläche von 5000 Quadratmetern das Dorniermuseum. Der postmoderne Neubau erinnert an einen Flugzeughangar am Rande des Rollfelds. Das Museum ist dem Lebenswerk des Flugzeugkonstrukteurs Claude Dornier (1884-1969) gewidmet, der 1910 seine Karriere in der Entwicklungsabteilung der Zeppelinwerft in Friedrichshafen begann. Bereits 1914 gründete er seine eigene Firma, die sich mit der Entwicklung von Ganzmetallflugzeugen befasste. Seine Flugboote Dornier-Wal (1922) und besonders die 12-motorige Do X (1929), das mit einer Kapazität von 170 Fluggästen größte Flugschiff seiner Zeit, erregten weltweit Aufsehen.

Blick über den Schlosspark auf den Bodensee. Am Tor die Wappen der Besitzer, der Herzöge von Württemberg.

Neuzeitliche und zeitlose Exponate im Hangar des Dorniermuseums.

Sein Erfolgsmodell, die Do 27, der Senkrechtstarter Do 31 sowie ein Nachbau des „Merkur" erwarten die Gäste im Hangar. Die Entwicklungen des visionären Konstrukteurs und ihre Auswirkungen in den Gebieten Umwelt-, Verteidigungs-, Medizin- und Raumfahrttechnik zeigen noch heute seinen Einfluss auf viele moderne Wissenschaftsbereiche. Ein besonderes Erlebnis für die kleinen Besucher ist eine Do 27, die man zum Spielplatz umfunktionierte.

Nach 6 km in Richtung Lindau erreichen wir **Eriskirch**. Das Dorf an der Mündung der Schussen ist vor allem durch seinen Seeuferstreifen mit Streuobstwiesen und dem vorgelagerten Schilfgürtel berühmt, der es vom offenen Bodensee trennt. Das Eriskircher Ried (550 ha) ist seit 1938 Naturschutzgebiet und Lebensraum für seltene Pflanzen sowie Rückzugsgebiet und vor allem Rastplatz für viele Vogelarten. Naturfreunde können mit einem sachkundigen Führer das Ried näher kennenlernen.

In Eriskirch ist vor allem die gotische Pfarr- und Wallfahrtskirche „Unserer Lieben Frau" einen Besuch wert. Das heutige Gotteshaus entstand um 1400. Es wurde zwar nach Brandschäden im Dreißigjährigen Krieg barock umgestaltet, doch blieben glücklicherweise die Fresken aus der Zeit gleich nach der Erbauung ebenso erhalten wie das Gnadenbild „Unserer Lieben Frau von Eriskirch" (14. Jh., über dem linken Seitenaltar) und zwei Chorfensterverglasungen, die an den Kirchenstifter Heinrich von Montfort (15. Jh.) erinnern. Eine malerische überdachte Holzbrücke (1828) auf 96 Pfählen überquert nahe der Kirche die Schussen. Trotz der räumlichen Trennung vom Bodensee bietet Eriskirch seinen Gästen ein Seestrandbad, dazu einen Wanderparkplatz und einen Fahrradverleih sowie die Möglichkeit für „Ferien auf dem Bauernhof".

Eriskirch: Chorfenster (15. Jh.) in der Pfarrkirche.

Langenargen

Die Gemeinde Langenargen (7000 Einw.) liegt vier Kilometer hinter Eriskirch, etwa gleich weit auch von Mariabrunn und abseits der Bundesstraße, am flachen Ufer des Bodensees. Nördlich des Ortsteils Bierkeller-Waldeck erstreckt sich ein großes Waldgebiet, das gegen den See von Obsthainen abgelöst wird. Westlich mündet die Schussen in den Bodensee - hier beginnt das Eriskircher Ried -, östlich die Argen, die dem Ort ihren Namen gab. Auch in ihrem Mündungsbereich liegt ein Landschaftsschutzgebiet, wenn auch der Fluß selbst in ein enges Korsett gepresst ist. Auch sonst engagiert sich die Gemeinde für die Pflege und den Erhalt von Natur- und Kulturlandschaften wie Streuobstwiesen und intakte Biotope.

Blick auf das Naturschutzgebiet zwischen Eriskirch und Langenargen und über den Bodensee zum Schweizer Ufer.

Tourist-Information, Obere Seestraße 2/1, 88085 Langenargen, Telefon 07543/9330-92, Fax 9330-5538. www.langenargen.de
Turmbesteigung Schloss Montfort: Mitte April bis Ende Oktober täglich 10-12 Uhr + 13-17 Uhr.
Museum Langenargen: April bis Mitte Oktober tägl. außer Montag 10-12 Uhr und 14-17 Uhr.

Langenargen: nächtliche Romantik um Schloss Montfort, erbaut nach 1787 in „maurischem Stil".

Wahrzeichen von Langenargen ist das fremdartig anmutende Schloss Montfort, auf einer Halbinsel vor dem Ortskern gelegen. Seinen Namen hat es vom Geschlecht der Grafen von Montfort. Deren StammSchloss stand in Götzis (Vorarlberg), doch hatten sich im 13. Jahrhundert mehrere Linien abgespalten. Um 1300 gelangten die Grafen in den Besitz von Langenargen, wo sie bis ins 18. Jahrhundert die Burg Argen bewohnten. Ihre Linie starb 1787 aus und die Burg verfiel. An ihrer Stelle ließ die neue Besitzerfamilie, das Königshaus Württemberg, das heutige Schloss errichten, ähnlich wie bei der Stuttgarter Wilhelma in „maurischem Stil". Im Schloss Montfort hat also nie jemand aus der Familie der Namensgeber gewohnt. Heute dient es als Konzert- und Ausstellungshaus mit großen und kleinen Sälen und seinem Terrassencafé. Hier finden die Langenargener Sommerkonzerte mit internationaler Besetzung statt. Weitere beliebte Veranstaltungen sind Tanz- oder Theaterabende. Auch im Schlosspark wird - bei der Konzertmuschel - niveauvolle musikalische Unterhaltung geboten, aber auch Gelegenheit für ein unterhaltsames Spiel (Gartenschach, Minigolf, Boccia). Dem Schloss gegenüber steht das Kavalierhaus mit einer Galerie und dem Kulturcafé.

Am Rand des Schlossparks erhebt sich die barocke Pfarrkirche St. Martin, die Graf Anton III. von Montfort ab 1718 erbauen ließ. Sie besitzt hübsche Deckengemälde von Anton Maulbertsch. Hinter der Kirche erstreckt sich der weite Marktplatz mit dem Rathaus, dem Museum und dem Münzhof (heute Kulturzentrum mit Stadtbücherei). Das Museum ist im alten Pfarrhaus (18. Jh.) untergebracht und bietet Kunst aus der Geschichte des Ortes. Es zeigt u.a. ein Werk des Künstlers Franz Anton Maulbertsch, (Sohn des o.g. Anton Maulbertsch), der in Langenargen geboren wurde. Er verließ die Stadt bereits im Alter von 16 Jahren, machte in Wien Karriere und entwickelte sich zum bedeutendsten deutschen Barockmaler des 18. Jahrhunderts. Neben seinem Gemälde „Schlüsselübergabe an Petrus" sind einige Porträts von Andreas Brugger sowie Werke von Künstlern ausgestellt, die sich des öfteren über den Sommer hier aufhielten und arbeiteten.

Wer die Untere Seestraße nordwestwärts wandert, kommt am Staatlichen Institut für Seenforschung und Seenbewirtschaftung vorbei, weiter außerhalb am Strandbad und schließlich am Surfplatz, ehe er die Schussen erreicht. Ein zweiter Fuß- und Radweg führt den Gast zum Sportzentrum mit Tennisplätzen und Tennishalle im Ortsteil Bierkeller-Waldeck. Östlich vom Verkehrsamt an der Schiffsanlegestelle liegen geschützt Gondelhafen und Segelschule. Dahinter liegt die Grünanlage des Uhlandplatzes, der bis fast zum Mühlgraben reicht. Bleiben wir am See, so erreichen wir den Surfclub, einen Freibadeplatz und schließlich die Segelschule und eine Fischbrutanstalt. Von hier aus nördlich führt eine

Langenargen: Das Rosenkranzbild mit einer Darstellung der Geburt Christi hängt in der Pfarrkirche St. Martin.

30

*Langenargen:
farbenfrohe
Barockaltäre in
der Pfarrkirche.*

Landstraße in Richtung Lindau. Parallel zu ihr überquert die älteste Kabelhängebrücke (1898) Deutschlands die Argen. Sie hat in den USA mit der Golden Gate Bridge und der Brooklyn Bridge noch weitaus berühmtere Schwestern. Langenargen nennt sich gern „Die Sonnenstube am Bodensee", liegt der Ort doch der Mittagssonne zugewandt. Hat er auch relativ wenig spektakuläre historische Baumasse, so gefällt er doch durch seine Lage am See, umrahmt von Obstwiesen und Hopfenfeldern, sowie seine Ruhe abseits der viel befahrenen Bundesstraße. Sein reichhaltiges Freizeitangebot und die attraktiven Einkaufsmöglichkeiten auch in der Passage machen Langenargen zu einem beliebten Erholungsort.

*Langenargen:
Deutschlands
älteste Kabel-
hängebrücke
über die Argen.*

Kressbronn
Nonnenhorn

Obersee

6

Kressbronn

Auf halbem Weg zwischen Friedrichshafen und Lindau liegt Kressbronn (7000 Einwohner) direkt am Bodensee, umgeben von großen Obstplantagen. Zahlreiche Urlaubsgäste genießen besonders die Zeit der Kirsch- und der Apfelbaumblüte, ein unvergleichliches Naturschauspiel. Wie sehr der Ort mit dieser Form der Landwirtschaft verwachsen ist, zeigen das Kressbronner Blütenfest sowie der Wein- und Obstlehrpfad, den man am nördlichen Ortsrand in schönster Aussichtslage angelegt hat. Für seine Urlaubsgäste bietet Kressbronn natürlich auch den See mit all seinen Möglichkeiten des Wassersports einschließlich des Naturstrandbads, geführte Wanderungen und Radtouren (80 km markierte Wege) und Planwagenfahrten, für weniger günstiges Wetter stehen das Hallenbad, die Sauna und ein „Haus des Gastes" zur Verfügung.

Im Schlösslepark nahe der Schiffsanlegestelle finden wir im Haus „Lände" das Haus des Gastes mit vielerlei Veranstaltungen, dazu das Hallenbad,

Kressbronn: Blick über den idyllischen Ferienort und den Bodensee bis zu den Schweizer Alpengipfeln mit dem Säntis-Massiv.

Tourist-Information Kressbronn im Bahnhof. www.kressbronn.de 88079 Kressbronn, Telefon 07543/9665-0, Fax 9665-15 Verkehrsamt Nonnenhorn, www.nonnenhorn.eu Seehalde 2, 88149 Nonnenhorn, Telefon 08382/8250, Fax 890-76

eine Wassertretanlage und eine Konzert-muschel. Der Ortskern liegt jenseits der Bahnstrecke. Hier steht nahe dem Rathaus (18. Jh.) bei der katholischen Pfarrkirche die barocke Eligiuskapelle (18. Jh.), die heute als Gedenkstätte für die Gefallenen der beiden Weltkriege dient.

Nonnenhorn

Gehört Kressbronn noch zu Württem-berg, so liegt Nonnenhorn (1600 Einw.) bereits innerhalb des schma-len Bodenseeabschnitts von Bayern. In dem ruhigen Dorf hat man einiges getan, seinen Gästen den Aufenthalt so angenehm wie möglich zu machen. So hat ihnen die Gemeinde beim Strandbad ein beheiztes Schwimm-becken und eine Wärmehalle nebst Solarium eingerichtet, um das Ba-den nicht nur bei hochsommerlichen Temperaturen zu ermöglichen. Dane-ben gibt es einen Fahrrad- und einen Bootsverleih, eine Leihbücherei mit Leseecke sowie Anlagen für Tennis, Minigolf, Freiluftschach und Kegeln. In Verlängerung des Landestegs finden wir das Verkehrsamt im Haus Stedi. Die Seestraße führt uns links (vom Landesteg aus) zum Kapellenplatz mit der frühgotischen Kapelle St. Jakobus d.Ä. (15. Jh.). Ein großer Findling bei der Kapelle wurde kurzerhand zum „Seegfrörnenstein" - mit den Daten der Bodenseevereisungen. In östlicher Richtung gelangt man zur ältesten und größten erhaltenen Weinpresse im Bodenseegebiet. Sie arbeitete von 1591 bis 1950 und dokumentiert die Verbundenheit des Weindorfes Non-nenhorn mit dem Rebensaft, den der Gast noch heute in gepflegten Gas-träumen genießt - zusammen mit Fischspezialitäten aus dem Bodensee und frischem Obst, das auch hier um Nonnenhorn überall gedeiht.

Das südöstliche Bodenseeufer aus der Luft gesehen: vorn Nonnenhorn, auf der schmalen Halbinsel Wasserburg, weiter hinten Lindau. Ganz im Hintergrund der Bregenzer Wald.

7

Wasserburg

Von Nonnenhorn durch eine Bucht getrennt, schiebt sich die Halbinsel mit der Wasserburg weit in den See hinein. Rad- und Wanderwege nahe dem Ufer verbinden die beiden Ortschaften und geben - besonders am Malerwinkel - immer wieder den Blick frei auf das romantische Ensemble historischer Bauten mit dem markanten Zwiebelturm der Pfarrkirche und dem hohen Gebäude des Schlosses. An dem am weitesten eingeschnittenen Streifen der Nonnenhorner Bucht liegt zwischen Weg und

Ufer ein größeres Naturschutzgebiet. Kurz hinter dem Minigolfplatz markiert die mit Reliefs geschmückte „Fuggersäule" (1720) die Stelle, an der die damaligen Schlossherren, Nachfahren der Kaufmannsfamilie Fugger zu jener Zeit den Graben zwischen Festland und Insel zuschütten ließen. Damit ersparten sie sich die Erneuerung der alten Zugbrücke und schufen die heutige Halbinsel. Das hohe Gebäude gegen die Nonnenhorner Bucht ist das Schloss, das die Fugger von 1592 bis ins 18. Jahrhundert in

Wasserburg: Die Halbinsel mit der Pfarrkirche, dem Pfarrhaus und dem Hafen ist Wasserburgs Wahrzeichen.

Verkehrsamt Wasserburg, www.wasserburg-bodensee.de
88142 Wasserburg, Telefon 08382/887474
Museum im Malhaus: Mitte April bis Okt. tägl. außer Montag 10.30-12.30 Uhr, Mittwoch, Samstag und Sonntag zusätzlich 14.30-17 Uhr.

Besitz hatten. Sie richteten unweit von Wasserburg eine Münzstätte ein. Das Schloss war im 14. Jahrhundert auf den Grundmauern der alten Burg (8. Jh., zerstört 1358) erbaut worden und gelangte 1537 als Schenkung des Abts von St. Gallen in den Besitz der mächtigen Grafen von Montfort. Wasserburg (heute 3000 Einw.) jedenfalls wurde bereits 784 erstmalig urkundlich erwähnt und zählt zu den ältesten Siedlungen im Bodenseeraum. Das Schloss wird heute als renommiertes Hotel geführt, das eine herrliche Terrasse zum Bodensee besitzt. Dem Hotel gegenüber liegt das Malhaus (1596), das heute ein Heimatmuseum beherbergt. Es bewahrt unserer Generation und für die Zukunft Zeugnisse aus der Geschichte Wasserburgs, Dokumente aus den für den Ort wichtigen Bereichen Fischerei, Schifffahrt, Landwirtschaft, Obst- und Weinbau sowie Objekte der darstellenden Kunst. Die Pfarrkirche St. Georg ist - ebenso wie das Schloss - im Kern sehr alt, doch sind von den Vorgängerkirchen (ab 784 nachgewiesen) kaum Reste erhalten. Der Bau in seiner heutigen Form wurde 1595 aufgeführt, nachdem ein Feuer die alte Kirche zerstört hatte. Noch älter ist der Friedhof an der Spitze der Halbinsel, dessen zinnenbekrönte Mauer den Wellen des Bodensees seit Jahrhunderten trotzt. Über die Mauer hat der Besucher einen schönen Seeblick. Friedhof und Kirche sind der Grund dafür, dass auch Wasserburg Haltepunkt an der „Oberschwäbischen Barockstraße" ist. Am Kirchturm finden wir einen Grabstein für Bartholomäus Heuchlinger. Als Oberamtmann der Fugger hatte er großen Anteil daran, daß die Hexenprozesse des 17. Jahrhunderts in Wasserburg besonders grausam betrieben wurden. Auch das „Haus des Gastes" liegt auf der Halbinsel. Es bietet ein Lesezimmer, Räume zum Fernsehen, Spielen und für Veranstaltungen, dazu ein Restaurant und ein Café mit großer Gartenterrasse direkt zum See. Aber auch außerhalb dieser Räumlichkeiten hat Wasserburg seinen Gästen vieles zu bieten: neben Wassersport jeder Art besonders das Erholungs-, Sport- und Freizeitzentrum im Osten der Halbinsel mit beheiztem Schwimmbad, Wärmehalle, Schwimmkanal, großen Liegewiesen, Sauna, Massagen, Solarium, Windsurfingschule und gemütlicher Gaststätte, dazu eine Bootsvermietung und eine Segelschule sowie eine Tennis- und Squashhalle. Beim Parkplatz des Freizeitzentrums steht am Seeufer ein Denkmal mit dem „Lieben Augustin". Es ist dem Schriftsteller Horst Wolfram Geißler gewidmet, der 1921 den liebenswerten Roman „Der liebe Augustin" veröffentlichte und der auf dem Friedhof von Wasserburg seine letzte Ruhe fand. Selbstverständlich ist auch Wasserburg, bedingt durch seine Lage am östlichen Obersee, idealer Ausgangspunkt für Ausflüge per Schiff oder per Bus (Allgäu, Österreich, Liechtenstein, Schweiz). Aber auch das Hinterland ist einen Besuch wert: Zahlreiche Rad- und Wanderwege führen zu den Ortsteilen Reutenen (ruhige Lage direkt am See), Hege, Hattnau, Selmnau, Hengnau, Bettnau und Bodolz (sehr ruhig, „Ferien auf dem Bauernhof"). Unterwegs durchqueren wir Obstplantagen, Wälder, Wiesen und Felder und gelangen schließlich zu schönen Aussichtspunkten wie dem Antonius-Berg mit seiner gleichnamigen Kapelle (über Selmnau), der Martinshöhe (über Hengnau) oder zum Landschaftsschutzgebiet um den Bichelweiher. Wer gutbürgerliche und preisgünstige Gaststätten sucht, ist sicher in den genannten Ortsteilen richtig, andererseits bieten auch die Gastronomiebetriebe im Hauptort Wasserburg viele einheimische Spezialitäten aus Küche und Keller. Und wer es rustikal liebt, der findet überall eine zünftige Vesper, abgerundet durch einen „Obstler", die typische Verdauungshilfe des Bodenseegebiets.

Wasserburg:
Blick über die Halbinsel mit der Pfarrkirche und den Bodensee zum öster-

reichischen Rheintal. Im Hintergrund die Gipfel der Vorarlberger Alpen.

Lindau

3 km östlich von Wasserburg liegt mit Bad Schachen der bekannteste Stadtteil von Lindau. Wegen seiner Eisen- und Schwefelquellen stieg er zum Kurort auf. Herrliche alte Villen verbergen sich in ausgedehnten Parkanlagen wie das heutige Hotel Schachen-Schlössle im Ortskern oder das Hotel Bad Schachen direkt am See, dessen älteste Bauteile 1752 entstanden. Knapp 100 Jahre später ließ ein Großkaufmann die klassizistische Villa Lindenhof in einem riesigen Park errichten. Hier ist heute das Friedensmuseum Lindau untergebracht.

Wer Lindau ausgiebig kennenlernen

Lindau, aus der Luft gesehen: Über der grünen Gartenstadt die Altstadt auf der Insel.

Lindau Tourismus und Kongress GmbH, www.lindau-tourismus.de
Alfred-Nobel-Platz 1, 88131 Lindau, Telefon 08382/260030, Fax 260026
Haus zum Cavazzen mit Stadtmuseum: April bis Okt. Dienstag bis Freitag
und Sonntag von 11-17 Uhr, Samstag 14-17 Uhr, Führungen nach Vereinbarung.

Herbstidylle: Blick von Bad Schachen auf Lindau.

möchte, dem sei einer der Parkplätze ohne zeitliche Begrenzung empfohlen (P1, P3 oder P5 - auf der Insel). Bevor wir am Seehafen mit unserem Rundgang beginnen, gehen wir kurz auf die Geschichte der Stadt ein: Um das Jahr 800 wurde auf der Insel ein Frauenkloster gegründet. 882 erschien Lindau zum ersten Mal in den Annalen. Nachdem der Ort im 13. Jahrhundert den Status einer Reichsstadt erhalten hatte, gehörte er bald zu den reichsten Ansiedlungen Schwabens und erhielt den Ehrennamen „Schwäbisches Venedig". Grundlage des Wohlstands war

auch in den folgenden Jahrhunderten der Fernhandel mit Italien. Mit Mailand existierte vom 15. bis ins 19. Jahrhundert eine wöchentliche Verbindung, auf der Briefe, Güter und Reisende mit Fuhrwerken oder Saumtieren sicher über die Alpen transportiert wurden. Stolz ist die Stadt noch heute auf den Reichstag von 1496, der in ihren Mauern stattfand. Wie bei vielen anderen Handelsstädten auch, brachte die Verlagerung der Handelswege in Richtung Seehäfen das Ende der wirtschaftlichen Blüte. 1802 verlor die Stadt ihre Reichsunmittelbarkeit und wurde drei Jahre

1 Neuer Leuchtturm
2 Mangturm
3 Löwenmole
4 Römerschanze
5 Altes Rathaus
6 Stadttheater
7 Gerberschanze
8 Heidenmauer
9 Internationale Spielbank
10 Stephanskirche (evangelisch)

11 Münster "Unserer lieben Frau" (rk)
12 Stadtmuseum - Haus zum Cavazzen
13 Diebesturm und Peterskirche (Gedenkstätte)
14 Sternschanze
15 Pulverturm

Kleiner See

Seebrücke

Karl-Beyer-Platz

Seeparkplatz

Thierschbrücke

Zwanzigerstraße

In der Grub

Maximilianstraße

Ludwigstraße

Seepromenade

Seehafen 393 m ü.M.

Segelhafen

Fußgängerwege, Fußgängerzone

verkehrsberuhigter Bereich

Lindau: Der Neue Leuchtturm und der bayerische Löwe bewachen die Hafeneinfahrt.

Lindau: die Seepromenade über den Liegeplätzen der Sportboote. In der Mitte der Alte Leuchtturm, im Mittelalter als „Mangturm" Teil der Stadtbefestigung.

später dem Königreich Bayern angegliedert. Doch sie verstand es, aus der Not eine Tugend zu machen und ihre historische Bausubstanz zu vermarkten. Mit der aufkommenden Dampfschiff- fahrt (1835) und dem Anschluss an das Eisenbahnnetz (1853) entwickelte sich bereits der Tourismus. Heute steht die gesamte Bausubstanz der Insel unter Denkmalschutz. Jährlich kann die Stadt 600.000 Gästeübernachtungen und rund eine Million Tagesgäste ver- buchen. Unseren Rundgang über die Insel beginnen wir an Lindaus meist fo- tografierter Ansicht, am Seehafen. Am Ende seiner westlichen Mole steht der Neue Leuchtturm von 1856, 33 m hoch. Von seiner Aussichtsplattform hat man eine herrliche Sicht über die Insel bis hin zur Gartenstadt auf dem Festland, aber auch über den See auf Bregenz

und das gewaltige Alpenpanorama. Sein Pendant auf der Ostseite ist ein 6 m hoher Bayerischer Löwe, der eben- falls seit Mitte des 19. Jahrhunderts den damals ausgebauten Hafen bewacht. Zusammen mit dem Alten Leuchtturm an der Landseite des Hafenbeckens sind sie die Wahrzeichen Lindaus. Dieser Turm, der auch bestiegen werden darf, gehörte als „Mangturm" bereits seit dem 13. Jahrhundert zur mittelalter- lichen Stadtbefestigung und dominiert mit seinen farbig glasierten Dachzie- geln die Seepromenade. An sie grenzt das Gebäude des Hauptbahnhofs mit einem Fahrkartenschalter auch für Schifffahrten, ganz nah sind die Tou- rist Information und der Busbahnhof. Im weiteren Verlauf der Seepromenade laden Terrassenlokale zum Verweilen ein. Die „Römerschanze" im Osten des

41

Der Lindavia-Brunnen vor dem histori-schen Alten Rathaus.

Lindau: die Heiden-mauer und der Turm von St. Stephan.

Hafenbeckens war einst ein selbstständiges Eiland und wurde - wie andere Inselchen auch - durch Aufschüttung der Hauptinsel angegliedert. An ihrem Seeufer befinden sich heute der Werfthafen mit einer Jachtschule, der Segelhafen und das „Römerbad", eines der fünf Seebäder der Stadt.

Auf dem Rückweg von der Römerschanze biegen wir einen Häuserblock hinter dem Hafenbecken nach links in den Brettermarkt und anschließend nach rechts in den Reichsplatz mit dem monumentalen Lindavia-Brunnen aus rotem Marmor (Ende 19. Jh.). Im Hintergrund erhebt sich der farbenprächtig bemalte Staffelgiebel des Alten Rathauses. Es wurde 1422-36 - damals noch in einem Rebgarten - erbaut und mehrfach verändert. Erhalten sind jedoch die „Verkündererker", zu denen eine überdachte Treppe führt, und der große gotische Saal, in dem 1496 der Reichstag stattfand. Im Erdgeschoss ist heute die umfangreiche Bibliothek der einstigen Reichsstadt untergebracht: 23.000 Bände und Handschriften ab dem 14. Jahrhundert.

An ihrem östlichen Ende erweitert sich die Ludwigstraße zum Barfüßerplatz, benannt nach dem Kloster der Minoriten (13. Jh.). In der ehemaligen Barfüßerkirche hat die Stadt seit 1951 ihr Theater und einen Konzertsaal untergebracht.

Am Ende der romantischen Fischergasse ist ein Wehrturm der Stadtbefestigung aus der Stauferzeit erhalten, die sogenannte „Heidenmauer". Hier beginnt der Stadtgarten, in dessen Anlagen sich die Bayerische Spielbank verbirgt. Er wird von der Straße durchquert, die über die Seebrücke die einzige Verbindung für Straßenfahrzeuge zum Festland herstellt. Außer der Seebrücke existiert nur noch der Damm für die Bahnverbindung, der außerdem auch Fußgängern und Radfahrern den Übergang ermöglicht. Das Gewässer zwischen den beiden Landverbindungen heißt „Kleiner See" und ist vor allem bei Bootfahrern als ungefährliches Terrain beliebt. Direkt am Kleinen See befindet sich auch die moderne Inselhalle mit harmonisch gestalteten, modern konzipierten Räumen. Sie trägt dazu bei, den Ruf Lindaus auch

Lindau: reich geschmückte Fassade am Haus „Zum Cavazzen", wo heute das Stadtmuseum untergebracht ist.

als attraktive Tagungs- und Messestadt zu festigen.

Durch die Schmiedgasse gelangen wir zum Marktplatz, wo die evangelische Stephanskirche (1180, barock umgebaut 1782) und das katholische Münster „Unserer lieben Frau" einträchtig beieinander stehen. Das heutige Münster steht seit 1752 auf dem Platz des romanischen Münsters, das zum einst mächtigen reichsfürstlichen Damenstift gehörte und dem großen Stadtbrand von 1728 zum Opfer fiel.

Historische Fassaden des 14. Jahrhunderts in der Maximilianstraße.

An der Westseite des Marktplatzes steht eines der schönsten Bürgerhäuser am Bodensee, das „Haus zum Cavazzen". Es wurde gleich nach dem Stadtbrand durch den Appenzeller Baumeister Grubenmann erbaut. Das Gebäude dient als Stadtmuseum und zeigt eine umfangreiche Sammlung von Einrichtungs- und Kunstgegenständen aus dem bürgerlichen Kulturkreis sowie von mechanischen Musikinstrumenten. Unter den Gemälden ist besonders das Porträt der Friederike von Bretzenheim beachtenswert. Sie war eine uneheliche

Tochter des Kurfürsten Karl Theodor von Pfalz-Bayern mit einer Mannheimer Schauspielerin und bis 1802 letzte Äbtissin des bereits erwähnten Damenstifts. Der Schriftsteller Horst Wolfram Geißler war von diesem Porträt so beeindruckt, dass er sie zu seiner Romanfigur machte, heiß verehrt von einem Mann aus dem Volke, dem Spieldosenmacher und Titelhelden des „Lieben Augustin".

Die Cramergasse führt uns im Bogen zur zentralen, breiten Maximilianstraße, der einstigen Wohnstraße der Patrizier, Großkaufleute und Zunftmeister. Sie gehört heute zur Fußgängerzone der Stadt, gesäumt von vielen stattlichen

Maximilianstraße:
Gasthaus „Zum Sünfzen".

Fassaden aus der Zeit der Gotik und der Renaissance. Die historischen Bauten tragen Namen wie „Sünfzen" (sünfzen = schlürfen, Gasthaus, bis ins 19. Jahrhundert Treffpunkt der reichen Kaufleute), „Regenbogen", „Schnegg", „Pflug", „Brodlaube" und „Rad". Typisch für diese Häuser sind die Staffelgiebel, die schmalen Erker und wuchtigen Gauben sowie die „Brodlauben" (Laubengänge im Erdgeschoss). Auch Brunnen, einladende Straßenlokale und eine schier endlose bunte Reihe attraktiver Läden und Boutiquen gehören heute zum Straßenbild, das wie die Kulisse zu einem historischen Film wirkt.

Durch die Schafgasse, rechts, kom-

Blick auf die Türme der Stephans-kirche (links) und dem Münster „Unserer lieben Frau".

men wir bald zur Peterskirche. Mit ihren etwa 1000 Jahren zählt sie zu den ältesten erhaltenen Bauwerken im Bodenseegebiet. Obwohl 1928 in eine Krieger-Gedächtnis-Kapelle um-gewandelt, ist sie allein wegen ihrer Innenbemalung sehenswert: Es han-delt sich um die einzigen erhaltenen Fresken des berühmten Malers Hans Holbein d.Ä. (um 1480).

In unmittelbarer Nachbarschaft zur Peterskirche erinnert der Diebsturm (1380), auch Malefizturm genannt, an die Zeiten, in denen sich die Städte mit einem Mauerring umgaben. Auf un-

Lindau: Turm der Peterskirche.

Lindau: romantische Erker zieren den einst wehrhaften Diebsturm.

serem Weg den Paradiesplatz hinunter in Richtung Eisenbahndamm begegnen uns nun auf Schritt und Tritt Mauerreste der ehemaligen Stadtbefestigung: das Alte Zeughaus (Waffenarsenal), die Lindenschanze und, jenseits der Eisenbahnbrücke, die Sternschanze. Auf dem Festland gegenüber befindet sich das Aeschacher Bad, eines der Strandfreibäder Lindaus. Wem die Wassertemperatur des Bodensees nicht ausreicht, dem seien das Städtische Hallenbad, das Strandbad Eichwald (3 beheizte Freischwimmbecken, 78 m Wasserrutsche - beide im Stadtteil Reutin) oder das beheizte Schwimmbecken im Freizeitzentrum Lindau- Oberreitnau empfohlen. Eine gepflegte Promenade führt am Ufer entlang und bietet herrliche Ausblicke über den See. Das Gelände im Bereich des

Parkplatzes füllte die Stadt 1968/69 auf und vergrößerte damit die Grundfläche der Insel von 62 auf 68 ha. Besonders romantisch wirkt der spitzbehelmte Pulverturm (1508, früher „Grüner Turm"), der wiederum auf altem Inselgrund steht. Die Uferpromenade führt uns schließlich zum Seehafen, dem Ausgangspunkt unseres Rundgangs, zurück. Eine Stadt wie Lindau hat selbstverständlich ein besonders breites Freizeitangebot. Neben den bereits genannten Bädern sind es fast alle Möglichkeiten zum Wassersport, Golf- und Tennisplätze, Wandern und Radfahren, im Stadtpark wartet die Spielbank mit Roulette und Black Jack auf Interessierte. Von der Tourist Information werden für Erwachsene und Kinder Stadtführungen angeboten. Auch kulturelle Veranstaltungen gelten als

46

Aushängeschilder einer zeitgemäßen Kommune. In Lindau sind es neben den traditionellen Kunstrichtungen wie Theater, Folklore und klassische Musik vor allem auch alternative Strömungen, die Anklang finden: Jazz, Kabarett, Open-Air-Veranstaltungen, Kleinkunstbühnen und Kindertheater. Wenn man die Vielzahl der Angebote dieser Stadt in Betracht zieht, dazu ihre einmalige Lage und ihr südländisches Flair addiert, die natürliche Gastfreundlichkeit der Einheimischen und die gemütlichen Lokale, kann man verstehen, dass der Romantiker Hölderlin vom „glückseligen Lindau" schwärmte. Unsere Rundreise um den Bodensee führt uns von Lindau aus durch die Stadtteile Reutin und Zech an die österreichische Grenze, die entlang der Leiblach verläuft.

Lindau: der mittelalterliche Pulverturm.

Blick auf Lindau mit den Türmen von St. Stephan und der Stiftskirche.

▲ *Vom Pfänder (1064 m) genießt man einen herrlichen Blick zum See.*

▼ *Im "Berghaus Pfänder" wird für das leibliche Wohl gesorgt.*

*Die **Greifvogel-Flugschau** findet auf der Adlerwarte gleich unterhalb der Bergstation der Pfänderbahn statt. In einer rund 40-minütigen Vorführung erleben Sie frei am Himmel fliegende Greifvögel im Aufwind des Pfänderhanges. Vorführzeiten während der Sommersaison tägl. 11.00 Uhr und 14.30 Uhr.*
*Im **Alpenwildpark** kann man das Verhalten der heimischen Wildtiere in ihrer natür-lichen Umgebung kennenlernen. Eintritt frei!*

*▲ **Bergankunft der Panoramabahn.***
*◀ **Steinbock.** **Weißkopfseeadler** ▼*

Bregenz

Gleich hinter der Grenze und kurz vor Bregenz liegt Lochau (5800 Einw.) an der Bregenzer Bucht. Von der einstigen Herrschaft Lochaus, der Familie von Raitenau, existieren noch die Ruine Alt-Hofen (13. Jh.) und das Renaissance-Schloss Hofen (1585/1616), das heute als Wissenschafts- und Weiterbildungszentrum sowie für Kurveranstaltungen genutzt wird.

Bregenz am Bodensee, darüber das weite Rheintal und die Berge der Schweiz mit dem mächtigen Massiv der Säntisgruppe.

Bregenz-Tourismus, Rathausstraße 35a, A-6900 Bregenz, Telefon 05574/49590, Fax 495959, Auslandsvorwahl aus D (0043) www.bregenz.ws
Vorarlberger Landesmuseum: *bis 2013 geschlossen*
Kunsthaus Bregenz: *Di.-So. 10-18 Uhr, Donnerstag bis 21 Uhr, Montag geschlossen.*

Lochau besitzt neben dem Strandbad kilometerlange Freibadestrände nach beiden Richtungen. Eine schmale, kurvenreiche Straße (7 km) führt über Buchenberg auf den Pfänder (1064 m), den berühmtesten der Aussichtsberge über den Bodensee. Selbstverständlich kann man seinen Gipfel auch auf Wanderwegen (von Lochau und Bregenz jeweils 1,5 - 2 Std.) oder innerhalb von 6 min mit der Kabinenseilbahn ab Bregenz erreichen. Die spektakuläre Aussicht über Bregenz und den Bodensee zieht besonders im Sommer eine Vielzahl von Ausflüglern an, so dass bereits 1927 eine erste Seilbahn gebaut wurde. Ihre moderne Nachfolgerin schafft heute die Beförderung von 800 Personen pro Stunde in jeder Richtung. Von der Bergstation zum Gipfel sind es dann noch 5 Minuten. Für Wanderfreunde ist er ein idealer Ausgangspunkt für eine Tour durch den Bregenzer Wald, der durch viele markierte Wege erschlossen ist. Besonders attraktiv ist der Käse-Wanderweg mit Käselehrpfad und zahlreichen Möglichkeiten der Degustation in Bauernhöfen, Sennereien und Gasthöfen. Hier am Pfänder nimmt er seinen Ausgang und führt über den ganzen Pfänderrücken bis nach Eichenberg und Möggers. Für weniger Sportliche bildet der Alpenwildpark mit Waldlehrpfad sowie die Adlerwarte (Flugvorführungen) einen besonderen Anziehungspunkt, auch wenn die Mehrzahl der Gäste wegen dem herrlichen Seeblick gekommen ist. Diesen genießen sie besonders auch vom „Berghaus Pfänder" neben der Bergstation. Die Wirtshäuser „Pfänderdohle", „Pfänderspitze" oder „Schwedenschanze" sorgen ebenfalls

❶ *Landhaus;* ❷ *Rathaus;* ❸ *Postamt;* ❹ *Festspiel- und Kongresshaus;* ❺ *Theater am Kornmarkt;* ❻ *Vorarlberger Landesmuseum;* ❼ *Künstlerhaus Thurn und Taxis;* ❽ *Altes Rathaus;* ❾ *Bundesdenkmalamt;* ❿ *Deuringschlössle;* ⓫ *Martinsturm;* ⓬ *Martinskirche;* ⓭ *Stadtpfarrkirche St. Gallus;* ⓰ *Seekapelle;* ⓳ *Herz-Jesu-Kirche;* ⓴ *Nepomuk-Kapelle;* ㉑ *Zisterzienserkloster Mehrerau;* ㉒ *Kapuzinerkloster;* ㉔ *Röm. Ausgrabungen (Brigantium).*

Bregenzer Festspiele: Szenenbild der Beethoven-Oper „Fidelio" (1995) auf der berühmten Seebühne.

für das leibliche Wohl. Im Winter bei genügend Schnee ist das Gebiet bei Skifahrern beliebt, ist es doch durch zwei Lifte erschlossen und erlaubt es Abfahrten bis nach Lochau oder Bregenz.

Zu Füßen des Pfändermassivs und eingebettet in seinen halbkreisförmigen Abhang, liegt Bregenz am östlichen Ende des Bodensees. Dieser vielgelobten Lage verdankt der Ort seine frühe Besiedlung, die bereits zur Bronzezeit (vor 3000 Jahren) nachgewiesen ist. Um 15 vor Christus wurde das Alpenrheintal mit seiner keltischen Bevölkerung von den römischen Legionen unterworfen. Unter dem Namen Brigantium erhielt die aufblühende Siedlung als Verkehrs- und Handelszentrum größere Bedeutung. Nach dem Fall des Limes (3. Jh.) wurde die Oberstadt befestigt. 200 Jahre später ließen sich hier die Alemannen nieder.

Im 10. Jahrhundert errichteten die Grafen von Bregenz hier ihre Stammburg, die etwa ab 1160 samt der Herrschaft über die Stadt in den Besitz der Grafen von Montfort gelangte. Unter den Habsburgern (ab 1523) erlebte Bregenz eine neue Blütezeit und gehört seither zu Österreich. Nachdem sie zunächst wegen ihrer günstigen Lage in der Drei-Länder-Ecke zum Zentrum der Landesverteidigung erkoren war, wurde die Stadt 1861 Sitz des Landtags und 1919 Landeshauptstadt von Vorarlberg.

Auch in Bregenz beginnen wir unseren Rundgang durch die sehenswerte Stadt bei den Uferanlagen am Schiffshafen. Über 100 Jahre alt ist bereits das Hafengebäude mit dem umlaufenden Vordach, das einst das direkte Umsteigen vom Schiff in den Zug und umgekehrt ermöglichte. Die westliche Mole ist zu einer Seepromenade ausgebaut. Vorbei am Bootshafen (Gondelhafen) und am Musikpavillon sowie dem Spielcasino und einem angebauten Hotel, gelangen wir zum Festspiel- und Kongresshaus (1980). Seine ausgebaute „Seebühne" wird jedes Jahr im Juli/August für vier Wochen zum Mittelpunkt der Theaterwelt. 5600 Zuschauer haben auf den Tribünen Platz, die „schwimmende Bühne" ist die größte der Welt. Im Uferbereich schließt sich nach Westen das Strandbad an, landeinwärts ein Hallenbad und das Bodenseestadion. Folgen wir dem Strandweg weiter, so erreichen wir - vorbei am Sporthafen - schließlich den Jachthafen. Zwischen diesen beiden Hafenbecken führt ein Weg landeinwärts zum Zisterzienserkloster Mehrerau. Von den Baulichkeiten der Klostergründer, einer Benediktinerbruderschaft (11. Jh.), ist leider wenig erhalten. Der romanischen Kirche und dem barocken Neubau von 1743 folgte 1859 ein neoromanisches Gotteshaus, das wiederum 1960 einem modernen Betonneubau weichen mußte. In ihrer Unterkirche sind noch die Fundamente der ursprünglichen Abteikirche zu besichtigen.

An der Seepromenade beginnt wiederum unser Rundgang durch die Unterstadt, der zunächst durch die Seestraße zum 1997 eröffneten Kunsthaus führt. Dieser größte Museumsbau Österreichs nach dem 2. Weltkrieg beheimatet zeitgenössische Kunst, Architektur und Design. Daran schließt sich das neoklassizistische Postgebäude an, das im Jahre 1900 in dem damals 6000 Einwohner zählenden Ort erbaut wurde als Zeichen der Bedeutung als westlicher Außenposten der damaligen Donaumonarchie. Dahinter steht die Nepomukkapelle (1757), ein Gotteshaus der ungarischen Gemeinde. Den Rundbau im Stil des Rokoko zieren ein harmonisch geschweiftes Kuppeldach mit Laternenaufsatz, eine Darstellung

des Kirchenpatrons über dem Portal sowie im Inneren Szenen aus dem Leben des Heiligen. Etwas älter ist der Barockbau des „Gasthaus zum Kornmesser" (1720). Es handelt sich um das Werk und das einstige Wohnhaus des Baumeisters Franz Anton Beer von Bleichten, der auch die Basilika in Weingarten und die Klosterkirche in Weissenau schuf.

Über die Kornmarktstraße gelangen wir - vorbei am „Theater am Kornmarkt", einem ehemaligen Getreidespeicher - zum Vorarlberger Landesmuseum (1903, erweitert 1956-59). Es bewahrt eine bedeutende Sammlung aus der Ur- und Vorgeschichte, römische Funde aus Brigantium sowie wertvolle Stücke aus der Zeit der Gotik, Renaissance und des Barock. Besonders hervorzuheben sind dabei das römische Epona-Relief, die Altarbilder von Wolf Huber (1521), die Kreuzigungsgruppe aus dem Kreis Michael Erharts (um 1510) sowie die umfangreiche Gemäldesammlung von

Bregenz: Pfarrkirche St. Gallus (1737/38) mit spätgotischem Turm.

Bregenz: Der wuchtige Martinsturm (1599-1602) mit der riesigen Turmzwiebel gilt als Wahrzeichen der Landeshauptstadt von Vorarlberg (Österreich).

Angelika Kauffmann, der berühmtesten Malerin Vorarlbergs Ende des 18. Jahrhunderts.

Das nahe Rathaus (1686) wurde Ende des 19. Jahrhunderts im Stil der Spätrenaissance umgestaltet. Angebaut ist die Seekapelle St. Georg, die gleich nach dem Rathaus entstand. Sie steht am Platz einer älteren Kapelle, die man zum Gedenken an den Appenzeller Krieg (1403-1408) gestiftet hatte.

Der Rathausstraße und der Maurachgasse folgend, gelangen wir in die einst befestigte Oberstadt. Hier steht der mächtige Martinsturm als Wahrzeichen der Stadt. Er wurde 1599-1602 auf den Mauern eines Getreidespeichers der mittelalterlichen Burg errichtet. Bemerkenswert sind Arkaden im oberen Stockwerk sowie die riesige Dachkonstruktion in Form einer Zwiebel. Im Untergeschoss gibt es die Martinskapelle, in der ein wertvoller Freskenzyklus (ab 1363) erhalten ist, darüber ist ein kleines Museum eingerichtet. Nicht weit entfernt steht auch das Alte Rathaus (1622), ein historischer Fachwerkbau. Das Deuringschlösschen (um 1670) an der Westecke des relativ engen Oberstadt-Quadrats ist heute Hotel und Restaurant. Außerhalb der Oberstadt befinden sich das Kapuzinerkloster und die Stadtpfarrkirche St. Gallus. Ihr spätgotischer Turm besitzt einen barocken GiebelAbschluss (1672). Das Kirchenschiff entstand erst 1737/38 (Franz Anton Beer), gleich danach auch der Hochaltar, der Rokoko-Stuck und das qualitätvolle Chorgestühl.

Südöstlich erhebt sich der Gebhardsberg auf knapp 600 m. Auf seiner Kuppe sind beachtliche Reste der Burg Hohenbregenz erhalten, welche die Schweden 1647 sprengten. Einen herrlichen Ausblick über Bregenz, Bodensee, Rheintal und Alpen hat man von der Terrasse des Burgrestaurants. In der Wallfahrtskirche (18. Jh.) gefallen besonders die Wandmalereien (um 1900), die das Leben des hl. Gebhard darstellen.
Von Bregenz ist ein Ausflug hinauf ins Rheintal möglich, der über Dornbirn (klassizistische Pfarrkirche St. Martin, Wanderwege durch die berühmte Rappenlochschlucht und das Alploch, Vorarlberger Naturschau),

Bregenz: Burgruine und Burgrestaurant auf dem aussichtsreichen Gebhardsberg.

Hohenems (Ruine Alt-Ems, Schloss Glopper oder Neu-Ems, Jüdisches Museum) und Feldkirch (gotischer Dom St. Nikolaus, Schattenburg, Altstadt) nach Liechtenstein, dem Zwergstaat (30.000 Einw., ca. 50 km, Staatliche Kunstsammlung der Fürstlichen Familie, Postmuseum, Walser-Heimatmuseum) zwischen Österreich und der Schweiz führt. Sehenswert ist auch in Dornbirn,die ab Juni 2003 neu eröffnete „inatura-Erlebnis Naturschau", die als eines der modernsten Naturmuseen Europas gilt. Ab Feldkirch ist auch ein Abstecher über Bludenz zum Silvretta-Stausee (ab Bregenz ca. 100 km) möglich.

Das Rheintal

Jenseits der Bregenzer Ache liegt das Rheintal, das wir nun durchqueren. Unsere erste Station ist **Hard** (11800 Einw.), ein früheres Fischer- und Bauerndorf zwischen den Mündungen der Bregenzer Ache und des Neuen Rheins, der um 1900 aus seinem natürlichen Bett (s. Alter Rhein) nach hierher umgeleitet wurde. Hard besitzt eines der größten Strandbäder im Bodenseegebiet und einen FKK-Strand. Am See bestehen außerdem Möglichkeiten zum Windsurfen (2 Schulen), Segeln, Bootfahren (Verleih) und Angeln. Übrigens - den Nachbarländern zur Nachahmung empfohlen - ist das gesamte österreichische Seeufer frei zugänglich!

Im großen Hafen legen auch die Boote der Österreichischen Bodenseeschifffahrt an, für die „Hohentwiel", den 1913 erbauten letzten Schaufelraddampfer am „Schwäbischen Meer", ist er der Heimathafen.

Mündung des Neuen Rheins in den Bodensee zwischen Hard und Fußach. Links die Mündung der Bregenzer Ache. Über dem weiten Rheintal die Bergriesen Vorarlbergs.

Bregenz-Tourismus, Rathausstraße 35a, A-6900 Bregenz, Telefon 05574/49590, Fax 495959, Auslandsvorwahl aus D (0043) www.bregenz.ws

Spätherbst an der Rohrspitze bei Höchst.

Gegenüber von Hard, am linken Rheinufer, liegt der kleine Ort **Fußach** (3300 Einw.), mehr Wohngemeinde als Fremdenverkehrsort. Dennoch besitzt er mit dem großen Naturschutzgebiet um Rohrspitz (Neuer Rhein) und Rheinspitz (Alter Rhein) eine einmalige Attraktion, die besonders an den Wochenenden zahlreiche Naturfreunde aus Österreich, Deutschland und der Schweiz anlockt. Diese Verlandungszone des Rheindeltas, mit 2000 ha das größte Süßwasserdelta Europas, ist ein wertvoller Lebensraum für seltene Pflanzen und einheimische Vögel sowie im Frühjahr und Herbst ein wichtiger Rastplatz für viele Zugvögel. Rund zwei Kilometer südlich von Fußach liegt **Höchst** (7000 Einw.) nur wenig unterhalb der Stelle, wo das von Menschenhand gegrabene Bett des Neuen Rheins vom alten Flussbett abzweigt. Auch im Alten Rhein fließt noch Wasser, wenn auch nur ein Bruchteil der ursprünglichen Massen. Das ist von Vorteil für die Ansiedlungen im Delta, die früher in regelmäßigen Abständen von verheerenden Hochwassern heimgesucht wurden. Der Alte Rhein fließt in gewundenen Schlingen an Höchst und später Gaißau vorbei, ehe er bei Rheinspitz in den Bodensee mündet.

Der Grenzort **St. Margrethen** ist Eisenbahnknotenpunkt und Zollumschlagplatz. Die beliebte Bade- und Einkaufsstadt der Ostschweiz besitzt neben einer berühmten Mineralquelle wertvolle historische Bausubstanz als Relikte aus ihrer Blütezeit im Mittelalter. Sehenswert sind vor allem die Friedhofskapelle St. Margaretha (1090 erwähnt, heutiger Bau weitgehend um 1300) mit ihren Fresken und spätgotischen Altären, die Ruinen der Feste Grimmenstein und der Burg Heldsberg (Festungsmuseum).

Von St. Margrethen sind es etwa 12 km bis Rorschach, dem nächsten Anlaufpunkt unserer Bodenseerundfahrt.

Idylle im Rheindelta.

Rorschach

Vorbei am Fischerdorf Altenrhein über dem Ortsteil Staad erreichen wir den Hauptort Rorschach (10.000 Einw.). Er wurde bereits im 7. Jahrhundert von den Alemannen als Bodensee-hafen gegründet und diente dabei besonders dem bedeutenden Kloster St. Gallen. Unter dessen Einfluss erhielt die Siedlung 947 durch König Otto I. das Markt-, Münz- und Zollrecht. Im 15. Jahrhundert war besonders der Getreidehandel wichtig, später auch der mit Leinwand aus dem oberschwäbischen Raum. Mit der Auflösung des Klosters wurde Rorschach 1803 dem Kanton St. Gallen zugeordnet. Zentrum des wirtschaftlichen Lebens ist der ausgedehnte Bundesbahnha-fen, überragt vom mächtigen Korn-haus (1746/49), dem wohl schönsten und imposantesten seiner Art in der Schweiz. In einem Teil seiner Räume sind heute ein Heimatmuseum und eine Kunstsammlung eingerichtet.

Morgenstimmung im Hafen von Rorschach. Rechts das Alte Kornhaus.

Verkehrsverein, CH-9400 Rorschach, Telefon 071/8417034, Fax 8417036, Auslandsvorwahl aus D (0041). www.tourist-rorschach.ch
Museum im Kornhaus: April-Okt. tägl. 10-17 Uhr, Tel. 071/8414062.
Fliegermuseum Altenrhein: März-Okt. Sa/So 13.30-17 Uhr

Rorschach: herrlicher Renaissance-Doppelerker (1650) an einem der stattlichen Bürgerhäuser, dem Haus Weber.

Zum Hafengelände gehören ferner das Zollamt und - jenseits der Bahnlinie - der Hafenbahnhof. Nach Osten schließt sich der gepflegte Seepark an, durch den die Uferpromenade bis hin zum Jachthafen führt. Eine kurze Strecke landeinwärts leitet uns die Churer Straße wieder in Richtung Stadtzentrum zurück. Stattliche Bürgerhäuser aus dem 18. Jahrhundert, mit zierlichen Erkern geschmückt, sind beredte Zeugen aus der Zeit der wirtschaftlichen Blüte. Sehenswert sind auch die barocke katholische Stadtpfarrkirche St. Columbian (1645-1667, südlich vom Rathaus) und besonders das ehemalige Benediktinerkloster Mariaberg südlich über der Stadt. Es besitzt einen schönen Kreuzgang. Auch das Refektorium (Speisesaal) und der Kapitelsaal (Versammlungsort) mit bedeutenden Fresken sind aus der Zeit der Klostergründung (um 1500) erhalten. Seit der Säkularisierung vor fast 200 Jahren werden die Gebäude als Lehrerseminar genutzt. So wurde aus der traditionsreichen Hafenstadt eine Kommune, die Elemente einer Industrie- und Einkaufsstadt sowie einer Fremdenverkehrs- und Schulstadt in sich vereint.

Auch als Ausgangspunkt für Ausflüge ist Rorschach zu empfehlen. Vom St.-Anna-Schloss, oberhalb von Mariaberg, führt ein Wanderpfad in einer Stunde auf den Aussichtsberg Rossbüchel (964 m) mit dem nahen „Fünfländerblick". Auch die Schlösser Sulzberg (Turm 13. Jh.) und Wartegg (1557, schöner Park, Zufluchtsort der österreichischen Kaiserfamilie nach Ablösung der Monarchie 1919 und vor ihrer Verbannung auf die Insel Madeira) liegen in unmittelbarer Nachbarschaft Rorschachs.

St. Gallen

Die Hauptstadt des Kantons St. Gallen liegt 10 km vom Bodensee entfernt, doch allein wegen ihrer historischen Sehenswürdigkeiten ist sie ein absolutes Muss für den Kulturinteressierten, der in diesem Gebiet seinen Urlaub verbringt. Gleichzeitig Verwaltungs- und Industriezentrum (Textilindustrie), kulturelle Hochburg und wichtigste Einkaufs- und Messestadt der Ostschweiz, hat es St. Gallen auf 71.000 Einwohner gebracht. Ursprung war die Einsiedelei des irischen Wandermönchs Gallus (um 612). Daraus entwickelte sich um 720 ein Kloster mit einer Handwerkersiedlung. Vom 9.-11. Jahrhundert hatte die Benediktinerabtei die Zeit ihrer höchsten Bedeutung durch ihre Schule und vor allem das Scriptorium (Bibliothek). Ihre Äbte wurden 1207 zu Reichsfürsten ernannt. Diesen Titel verloren sie erst mit der Säkularisation 1805. Der Ort erhielt 1415/17 den Status einer freien Reichsstadt, die sich 1454 der Eidgenossenschaft anschloss. Die Textilverarbeitung (Leinen- und Baumwollweberei, Stickerei) machte die Stadt im 13. bis ins 20. Jahrhundert zu einer der wohlhabendsten im weiten Umkreis.

Weltberühmt ist die Stiftsbibliothek der ehemaligen Benediktinerabtei, die beide seit 1983 zum UNESCO-Weltkulturerbe zählen. Der Rokokosaal mit seinem kunstvollen Intarsienboden, den feinen Stuckaturen (Gebrüder Gigl) und den prächtigen Fresken (Joseph Wannenmacher, dargestellt die ökumenischen Kirchenkonzile des 4. und 5. Jahrhunderts) gibt der bedeutenden Sammlung einen würdigen Rahmen. Die Bibliothek besitzt zahlreiche Werke der einstigen Klosterschule aus dem 9.-11. Jahrhundert. Besonders beachtenswert sind die Übersetzungen lateinischer Texte ins Alemannische durch den Mönch Notker den Deutschen sowie herausragende Werke der Dichtkunst und der Buchmalerei. Einmalige Stücke sind z.B. das „Psalterium Aureum" (9. Jh.), das Geschichtswerk „Casus Sancti Galli" (11. Jh.), die Handschrift des Nibelungenliedes (13. Jh.) und ein auf Pergament gezeichneter Klosterplan (9. Jh.), der älteste erhaltene Bauplan aus dem Mittelalter.

Zu sehen ist auch eine Mumie aus Oberägypten, die in einem doppelten Sarg aus Sykomoren- und Tamariskenholz nach St. Gallen geführt wurde. Insgesamt beherbergt die Bibliothek heute etwa 150.000 Bände, über 2000 Handschriften (davon rund 400 älter als 1000 Jahre) und mehr als 1600 Inkunablen (Wiegen- und Frühdrucke) aus der Zeit vor 1520.

Tourist-Information St. Gallen, Bahnhofplatz 1a, CH-9001 St. Gallen, Telefon 071/2273737, Fax 2273767, Auslandsvorwahl aus D (0041) www.st.gallen-bodensee.ch

Stiftsbibliothek: Montag bis Samstag 10-17 Uhr, Sonntag 10 bis 16 Uhr. Im Nov. 3 Wochen geschlossen. An Feiertagen spezielle Öffnungszeiten. www.stiftsbibliothek.ch

Naturmuseum, Kunstmuseum: alle Dienstag bis Sonntag 10-17 Uhr, Mittwoch 10-20 Uhr, Textilmuseum: täglich 10-17 Uhr.

Historisches und Völkerkundemuseum: Dienstag bis Sonntag 10-17 Uhr.

St. Gallen: die spätbarocke Stiftskirche St. Gallus und Otmar, erbaut 1755-1766 unter dem berühmten Baumeister Peter Thumb.

Die imposanten Bauten der Abtei (17./18. Jh.) gruppieren sich um einen weiten Klosterhof und dienen dem Bischof, der Domgeistlichkeit und der Kantonsregierung als Arbeitsräume. Den heutigen Sitzungssaal des großen Rates nutzten vormals die Fürstäbte als Thronsaal. Neben der genannten Bibliothek ist auch das Stiftsarchiv mit seinen rund 20.000 Urkunden hier untergebracht. Besonders kunstreich ausgestaltet ist die Kathedrale, einer der letzten monumentalen Bauten des Spätbarock. Sie wurde 1755-1766 als Stiftskirche ebenso maßgeblich von Peter Thumb gestaltet wie der Bibliothekssaal. Für die Stuckarbeiten im Chor zeichnen wiederum die Gebrüder Gigl verantwortlich, für die vergoldeten Chorgitter und die kunstvoll geschnitzten Wangen des Chorgestühls (Szenen aus dem Leben des hl. Benedikt) der Wessobrunner Künstler Joseph Anton Feuchtmayer, für die Reliefs der Freiburger Bildhauer Christian Wenzinger. In ihrem Grundbestand weitaus älter (9./10. Jh.) sind die Unterkirchen der ehemaligen Stiftskirche, in denen die letzten Äbte

eine Straße, die den Verlauf der einstigen Stadtmauer nachzeichnet. In der von ihr abzweigenden Vadianstraße steht das Textilmuseum. Hier werden besonders gelungene Stickereien und Spitzen ab dem 15. Jahrhundert ebenso präsentiert wie alte Musterbücher einheimischer Betriebe und ägyptische Grabfunde. Am Oberen Graben steht auch der Broderbrunnen als Symbol der Bodenseewasserversorgung, die für St. Gallen bereits 1894 betriebsfertig war. Am Schibener Tor biegen

St. Gallen: die weltberühmte Stiftsbibliothek der ehemaligen Benediktinerabtei mit herrlichen Stuckaturen und Fresken sowie einem kunstreichen Intarsienboden.

und Bischöfe bestattet wurden. Südlich vom Kloster sind das Karlstor (um 1570) und ein Rundturm erhalten. In den weiter westlich angrenzenden Gassen finden sich noch einige historische Bürgerhäuser mit ihren typischen, reich verzierten Erkern. Westlich vom Kloster verläuft, leicht geschwungen, der „Obere Graben",

wir nach rechts ein und erreichen die Marktgasse mit einem Denkmal für „Vadian". Dieser hieß eigentlich Joachim von Watt, war in St. Gallen geboren und machte sich einen Namen als Humanist und Reformator, war befreundet mit Zwingli und stand im Briefwechsel mit Luther. Er war ab 1526 Bürgermeister in seiner Heimatstadt, in der er die Reformation einführte. Nach ihm ist auch die Kantonsbibliothek „Vadiana" benannt, die mit ihren ca. 660.000 Bänden und 2.400 Handschriften eine ideale Ergänzung ihrer berühmten Schwester im Kloster darstellt, enthält sie doch viele Schriften reformatorischen Inhalts.

Am Marktplatz beginnt jenseits der Marktgasse ein weiter Platz, der „Bohl". In seiner Verlängerung steht das Waaghaus und beginnt die Museumsstraße. In der städtischen Parkanlage rechts und links der Rorschacher Straße verteilen sich St. Gallens Kultureinrichtungen: rechts das Stadttheater, das Natur- und Kunstmuseum (Mineralien, Entwicklung der Lebewesen, Kunstwerke), das Historische Museum (Geschichte und Völkerkunde, Sammlung vor allem aus dem Kanton St. Gallen) und die

Sammlung für Völkerkunde, links die Tonhalle, und das Museum im Kirchhoferhaus (Höhlenfunde, Kunst, Münzen- und Silbersammlung) und an der Notkerstraße die bereits genannte Kantonsbibliothek. Zahlreiche weitere Kunstwerke sind im Besitz der Universität für Wirtschafts-, Rechtsund Sozialwissenschaften und dort ausgestellt.

Außerhalb der Stadt lohnen Ausflüge auf den Freudenberg (3 km südlich, herrlicher Blick über Stadt, Bodensee und Säntis), zum Wildpark „Peter und Paul" (3,5 km nördlich) oder zum Freizeit- und Einkaufszentrum Säntispark (Bade- und Sportgelegenheiten im Freien wie in der Halle). Auch Fahrten nach Teufen (7 km südöstlich, schmucker Dorfplatz mit Kirche und Museum) und Bühler (weitere 2 km, hübsche Appenzeller Häuser) sind reizvoll.

Blick aus der Luft auf das Zentrum von St. Gallen, beherrscht von den mächtigen Bauten des berühmten Klosters.

Arbon

Auf dem Weg von Rorschach nach Arbon (6,5 km) kommen wir an den beiden schön gelegenen, kleinen Orten Horn und Steinach vorbei. Der alte Fischerort Steinach, am gleichnamigen Bach gelegen, besitzt mit der sehenswerten barocken Pfarrkirche St. Jakobus (18. Jh.) und dem mächtigen Kornhaus (1473) gleich zwei historische Bauwerke. Steinach liegt auf einer kleinen Halbinsel, das benachbarte Arbon auf einer größeren. Die Stadt erhielt ihren Namen von den Kelten (Arbona), den später die Römer (Arbor Felix) übernahmen. Sie erbauten hier im 3. Jahrhundert ein Kastell, auf dessen Grundmauern bereits in romanischer Zeit eine Burg existierte. An ihrer Stelle steht seit 1515 das Schloss der Bischöfe von Konstanz, die es bis um 1800 mit ihren Beamten besetzten. Heute ist Arbon mit etwa 13.000 Einwohnern die drittgrößte Stadt im Kanton Thurgau.

Ein künstlicher Damm mit zahlreichen Parkplätzen und Landesteg teilt die Hafenbecken in den Alten Hafen und den

Arbon: Am westlichen Ende der Hauptstraße steht der Römerhof (um 1500).

Verkehrsverein, Schmiedgasse 5, CH-9320 Arbon, Telefon 071/4401380, Fax 4401381, Auslandsvorwahl aus D (0041). www.infocenter-arbon.ch Historisches Museum im Schloss: Okt., Nov., März und April nur Sonntag 14-17 Uhr. Mai bis September täglich 14-17 Uhr.

Schlosshafen. Eine Straße führt - vorbei am Zollamt - zur Stadtkirche St. Martin (15. Jh.). In ihrem Schatten steht die weit ältere St.-Gallus-Kapelle (um 1000) mit Fresken aus dem frühen 14. Jahrhundert. Am Eingang zur Kapelle steht ein Stein mit Fußspuren. Sie sollen der Legende nach vom hl. Gallus stammen, der während seiner Predigt in Arbon mit dem Teufel in Gestalt eines Bären kämpfte. Gegenüber der Stadtkirche steht eines der stolzen historischen Bürgerhäuser der Stadt, das Rote Haus (18. Jh.). Zusammen mit den beiden genannten Gotteshäusern bildet das Schloss der Fürstbischöfe von Konstanz die Basis der Altstadt, die sich von hier aus fächerförmig zum Hinterland ausbreitet. Im Schloss sind heute ein Heimatmuseum und eine Bildungsstätte für Erwachsene eingerichtet. Sehenswert ist der Landenbergsaal, der aus der Zeit des Schlossbaus (1515) unter Bischof Hugo von Hohenlandenberg stammt.

Weitere sehenswerte Bauten finden wir besonders in der Hauptstraße: Mit dem Haus „Zur Straußenfeder" und dem „Stadthaus" stehen hier gleich zwei prächtige Exemplare, die während der Blütezeit des Leinwandgewerbes (17./18. Jh.) als Kaufhaus dienten. Der „Römerhof" im weiteren Verlauf der Hauptstraße ging wiederum ebenso aus einem ehemaligen Wehrturm hervor wie das Rathaus (1791) am Ende der Rathausgasse. Daneben sind viele weitere Gebäude beachtenswert: das Haus „Zur Torwache", das „Kappeli", das Turmhaus (alle 14./15. Jh.) und das Haus „Zum Storchen".

Besonders stolz ist die Stadt auf ihre weitläufige Seepromenade. Hier ist Platz für ein großzügiges Schwimmbad (beheizt), ein Strandbad und einen Naturstrand, für Segeln, Surfen und Wasserski, Tennis, Camping, einen Vita-Parcours für die Fitness und eine BMX-Anlage. Galerien, eine mineralogische Sammlung und drei Museen (Historisches Museum, Oldtimer Museum, Saft- und Brennereimuseum) vervollständigen das Freizeitangebot der aktiven Bodenseegemeinde.

Arbon: Blick über den Alten Hafen auf die Stadtkirche St. Martin. Vor ihrem Chor (1490) die St.-Gallus-Kapelle.

Romanshorn

Romanshorn liegt knapp 9 km nordwestlich von Arbon an der Aachmündung in den Bodensee. Bereits 779 urkundlich genannt, verdankt der Ort seine Bedeutung vor allem der verkehrsgünstigen Lage am Bodenseeufer und am Ausgang eines weiten Tales, das eine gute Verbindung nach Winterthur und Zürich ermöglicht. Der Hafen von 1841 wurde bereits mit der Fertigstellung der Bahnlinie (1855) zu einem Fährhafen ausgebaut, wo im Jahr 1911 mehr als 80.000 Güterwaggons nach und aus Friedrichshafen abgefertigt wurden. Besonders nach dem 2. Weltkrieg ging der Trajektverkehr jedoch immer weiter zurück und wurde 1976 als unrentabel eingestellt. Heute transportiert die Fähre lediglich Passagiere und deren Fahrzeuge auf der 16 km langen Strecke an der breitesten Stelle des Obersees und benötigt dazu etwa 40 Minuten.

Romanshorn ist wichtigster Verkehrsknoten am Schweizer Ufer und besitzt den größten Hafen am Bodensee, Heimathafen und Werft für die Schiffe der Schweizerischen Bodenseeschifffahrtsgesellschaft. Dennoch hat sich der Ort in den vergangenen Jahrzehnten auch zu einem Ferienparadies entwickelt. Großzügig angelegte Quais nördlich

ASCO-Brunnen im Seepark.

Verkehrsverein, Bahnhof, CH-8590 Romanshorn, Telefon 071/4633232, Fax 051/2283342, Auslandsvorwahl aus D (0041). www.romanshorn.ch
"Museum im alten Zollhaus": Sonntag 14-17 Uhr.
LOCORAMA: April-Oktober Samstag, Sonntag 14-17 Uhr

und südlich des Hafens lassen viel Platz für Gästeboote, die angrenzenden gepflegten Parkanlagen erlauben ein genüssliches Flanieren.

Beim nördlichen Seepark finden sich die einzigen historischen Bauten des Ortes, der im 19. Jahrhundert mehrere verheerende Feuersbrünste erlebte: Das Schloss entstand 1829 und dient heute als Hotel, die nahe „Alte Kirche", St. Maria, Petrus und Gallus geweiht, repräsentiert überwiegend den Stil der Gotik, besitzt aber auch

Wanderwege entlang des Sees oder z.B. zur vielbesuchten Waldschenke. Eine gepflegte Gastronomie sowie ein vielseitiges Angebot an Ausflügen per Bahn, Bus, PKW oder Schiff ergänzen den Erholungswert dieses freundlichen Ferienortes.

Ein Ausflug nach Amriswil, 7 km vom Bodensee entfernt, führt uns zu den stattlichen Fachwerkbauten „Zum Bären" und „Altes Pfarrhaus" (1672, Heimatmuseum). Von hier sind es nur 3 km bis Hagenwil, wo ein prächtig

Romanshorn: Blick über den Hafen auf die katholische Kirche.

romanische Elemente aus der Zeit ihrer Entstehung.

Die Uferpromenade führt uns, vorbei am nördlichen Bootshafen, zum Blick auf das „Inseli", einen Felsblock im See, zum Minigolfplatz und zum attraktiven Schwimmbad. Zu vielen weiteren Angeboten für eine aktive Freizeitgestaltung kommen die vielen Radwanderwege und

renoviertes ehemaliges Wasserschloss (13. Jh., Schlosskapelle, gotischer Rittersaal) zu besichtigen ist. Auf unserem Weg nach Münsterlingen (14 km) kommen wir durch die kleinen Ferienorte Uttwil, dessen Ruhe und Abgeschiedenheit besonders schon viele Künstler anzog, und Kesswil, der durch zahlreiche schmucke Fachwerkhäuser gefällt.

Münsterlingen

Bevor wir den kleinen Ort Münsterlingen erreichen, machen wir kurz in Landschlacht (850 Einw.) Halt. In dem ruhigen Ferienort gefallen die hübschen Fachwerkhäuser der Gaststätten „Rotes Haus" und „Zur Sonne". Unbedingt sehenswert ist vor allem die Leonhardskapelle (10. Jh.), bemalt mit interessanten Fresken. Die Bildfolge im Chor (15. Jh.) ist dem Leben des Kirchenpatrons gewidmet, jene an der Südwand (14. Jh.) des Langhauses zeigt Szenen aus der Leidensgeschichte Christi. Der Erholungsort besitzt ein Strandbad, einen Campingplatz, eine Segel- und eine Jachtschule sowie Tennisplätze.

Das nächste Strandbad finden wir in Münsterlingen, einem Ortsteil von Scherzingen am Eingang zum „Konstanzer Trichter". Von hier aus verengt sich der Obersee in Form einer Bucht zwischen dem schweizerischen Ufer und dem „Bodanrücken" bis hin zum

Klosterkirche Münsterlingen: Der Johanneskopf steht im Mittelpunkt einer seltenen Prozession.

Information

zuständig für Münsterlingen: Tourismusbüro, CH-8280 Kreuzlingen, Tel. 071/6723840, Fax 6721736, Auslandsvorwahl aus D (0041). www.kreuzlingen.ch
Seemuseum Kornschütte in Kreuzlingen: April, Mai, Juni + Oktober Mittwoch, Samstag, Sonntag 14-17 Uhr, Juli, August + September Dienstag - Sonntag 11 - 17 Uhr, November bis März jeden Sonntag 14-17 Uhr.

„Seerhein", der sich unterhalb von Konstanz wieder zum Untersee weitet. Sehenswert ist die barocke Klosteranlage des ehemaligen Benediktinerinnenkonvents, die von einem Hügel über den Ort und den See blickt. Neben der Aussicht lohnt vor allem die Kirche eine Besichtigung. Sie ist ein Werk des berühmten Baumeisters Franz Beer von Bleichten, der sie ab 1709 in den Nordflügel der Anlage einfügte. Über dem Hauptportal befindet sich die große Nonnenempore. Durch die eher zurückhaltende, rein weiße Stuckierung, wird die Betonung stark auf die farbenfrohen Fresken sowie auf die Altäre und das Chorgitter gelenkt, die besonders plastisch hervortreten. In der Klosterkirche hat auch die Büste des Evangelisten Johannes (16. Jh.). zur Zeit seinen Aufenthaltsort. Nach einem alten Brauch wechselt nämlich das Bildnis bei jeder „Seegfrörne" - wenn der Bodensee vollständig zugefroren ist - seinen Platz zwischen der Pfarrkirche in Hagnau und der hiesigen Klosterkirche. Hier steht er nun bereits seit dem 9.2.1963, nachdem er in feierlicher Prozession vom deutschen Ufer über das Eis getragen worden war. In den Gebäuden des Klosters ist heute eine Psychiatrische Klinik untergebracht.

Auf unserer Weiterfahrt nach Konstanz passieren wir den kleinen Ort Bottighofen (900 Einw.), in dem eine Großmühle, ein moderner Bootshafen und ein romantisches Schlosshotel beheimatet sind. Ein reizvoller Strandweg führt von hier zu den Schwesterstädten Kreuzlingen (Schweiz) und Konstanz (Deutschland).

Prozession von Hagnau nach Münsterlingen über das Eis des Obersees. Historische Aufnahme vom 9.2.1963, dem Datum der vorerst letzten „Seegfrörne".

Konstanz

Letzter schweizerischer Ort am Obersee ist Kreuzlingen, einst ein Stadtteil von Konstanz. Sehenswert sind die ausgedehnten Uferanlagen mit ihrem herrlichen alten Baumbestand. Dazwischen erhebt sich gleich einem Märchenschloss die Seeburg, der ehemalige Sommersitz der Konstanzer Bischöfe. 1598 erbaut und im folgenden Jahrhundert zerstört, erstand die Anlage im 19. Jahrhundert

Konstanz am Bodensee: Hier verlässt der „Seerhein" den Obersee, um wenige Kilometer westlich in den Untersee zu münden. Rechts der Stadtteil Petershausen.

Tourist-Information Konstanz GmbH, Bahnhofplatz 43, 78462 Konstanz, Telefon 07531/1330-30, Fax 07531/1330-60. www.konstanz.de
Rosgarten-Museum: *Di. bis Fr. 10-18 Uhr, Sa, So, Feiertag 10-17 Uhr.*
Hus-Museum: *April bis September Dienstag bis Sonntag 11-17 Uhr, Oktober bis März Dienstag bis Sonntag 11-16 Uhr.*
Bodensee-Naturmuseum: *Juli bis Sept. 10-19 Uhr, Mai bis Juni, Oktober 10-18 Uhr, Nov. bis April 10-17 Uhr.*
Archäologisches Landesmuseum: *Dienstag bis Sonntag 10-18 Uhr.*
Sea Life Center: *Juli - Aug. täglich 10 - 19 Uhr. Mai, Juni, Sept., Okt. täglich 10 - 18 Uhr. Nov. - April Mo. - Fr. 10 - 17 Uhr. Sa., So. + Feiertage 10-18 Uhr*

in romantisch verklärten Formen neu. Nicht weit davon steht das ehemalige Kornhaus des Klosters, in dem heute ein Seemuseum eingerichtet ist. Es informiert anschaulich über Schifffahrt, Tourismus, Handel, Fischerei und Gewässerkunde. Die Grenze nach Deutschland verläuft, willkürlich anmutend, mitten durch die Stadtviertel.

Nachdem es bereits um 2000 v. Chr. Pfahlbauten in der Konstanzer Bucht gegeben hatte, besiedelten im 2. Jahrhundert v.Chr. die Kelten den höchsten Punkt des Stadtgebiets, den heutigen Münsterhügel. Bereits im folgenden Jahrhundert bauten die Römer an dieser strategisch günstigen Stelle ein befestigtes Dorf, das sie im 4. Jahrhun-

❶ *Konzilgebäude;* ❷ *Marktstätte;* ❸ *Rosgartenmuseum;* ❹ *Dreifaltigkeitskirche;* ❺ *Schnetztor;* ❻ *Rathaus;* ❼ *Haus zum Hohen Hafen;* ❽ *Hohes Haus;* ❾ *Stephanskirche;* ❿ *Münster;* ⓫ *Jesuitenkirche;* ⓬ *Rheintorturm;* ⓭ *Pulverturm;* ⓮ *Inselhotel*

Konstanz: links das mittelalterliche Schnetztor, rechts der gotische Erker am Haus „Zum Elefanten".

dert n. Chr. nach ihrem Kaiser (Constantius Chlorus) „Constantia" nannten. Als „Constenz" wurde die Siedlung Bischofssitz (6. Jh.) und entwickelte sich bald zu einem bedeutenden Produktions- und Handelszentrum für Leinen. Wegen ihrer Lage am Kreuzungspunkt mehrerer wichtiger Handelsstraßen wurde die Stadt zum Ort der größten und bedeutendsten Versammlung des späten Mittelalters bestimmt, des „Konstanzer Konzils" (1414-18).

Während dieses einzigen Konzils, das je auf deutschem Boden stattfand, hielten sich über 70.000 Fremde aus vielen Ländern Europas in der Stadt auf, die selbst gerade ca. 7000 Einwohner zählte. Die Versammlung, die im Münster tagte, hatte es sich zum Ziel gesetzt, die damals gespaltene Kirche zu reformieren und zu einen. Geladen war u.a. der Reformator und Rektor der Universität von Prag, Jan Hus. Trotz der Zusicherung von freiem Geleit durch den ebenfalls anwesenden König Sigmund wurde Hus gefangen genommen, als Ketzer verurteilt und bei lebendigem Leibe außerhalb der Stadt verbrannt (heutiger Stadtteil Paradies). Nicht besser erging es ein Jahr später seinem Anhänger Hieronymus von Prag, der zu seiner Unterstützung nachgereist war. Die drei Päpste und Gegenpäpste, die es damals mit Sitz in Rom, Pisa und Avignon gab, wurden nacheinander abgesetzt. Im November 1417 fand im Kaufhaus am Hafen, heute „Konzilsgebäude", die Wahl eines neuen Papstes statt. Martin V.

ist der einzige Papst, der je in Deutschland gewählt wurde.

Mit dem Ende des Mittelalters aber ging es auch mit Konstanz bergab: Nach der schlimmen Niederlage im „Schwabenkrieg" (1499) verlor es den Stadtteil Kreuzlingen, der sich der Schweiz anschloss, 1526 den Sitz der Bischöfe, die sich nach Meersburg zurückzogen und im Schmalkaldischen Krieg die Reichsfreiheit (1548). Die nächsten 250 Jahre gehörte die Stadt nun zu Österreich. Noch schwerer wog der wirtschaftliche Niedergang, weil sich nach der Entdeckung der Neuen Welt die Handelswege zu den Häfen in Norddeutschland verlagerten. 1805 wurde Konstanz Baden angegliedert. Mit dem Beginn des Fremdenverkehrs (Dampfschiff 1824, Eisenbahn 1863, Flughafen 1918, Autofähre 1928) gewann die Stadt wieder eine bescheidene Bedeutung, zumal sie wegen ihrer Nähe zur neutralen Schweiz von Bombenangriffen im 2. Weltkrieg verschont blieb. Auf diese Weise blieb die historische Bausubstanz größtenteils erhalten. 1966 wurde die Universität Konstanz gegründet, die heute mit über 10.000 Studenten zu den wichtigsten Arbeitgebern der Stadt gehört.

Wir beginnen unseren Rundgang durch die geschichtsträchtige Stadt am Hafen, den der Reisende per Ausflugs- oder Linienschiff ebenso erreicht wie mit der Bahn oder dem PKW (Parkplätze am Hafen und bei der Bodanstraße). Entlang dem Hafenbecken (19. Jh.), dem Heimathafen der Flotte der Deutschen Bahn, passieren wir den Hafenzoll und die Tourist Information und erreichen den Steg, der den Hafen nach Norden begrenzt. An seiner Spitze finden sich der Konstanzer Pegel und eine riesige weibliche Figur, die „Imperia". Das Werk des Künstlers Peter Lenk aus Bodman - 9 m hoch, 18 t schwer - symbolisiert die Macht der Liebesdienerinnen, die zur Zeit des Konzils zu Hunderten den männlichen Teilnehmern nach Konstanz gefolgt waren. In ihren Händen hält

Konstanz: Hafeneinfahrt mit der riesigen Statue der „Imperia", dahinter das berühmteste Gebäude der Stadt, das geschichtsträchtige „Konzil".

die Imperia die zwergenhaft kleinen, entkleideten Figuren des Kaisers und des Papstes. Auf dem Sockel des ehemaligen Leuchtturms stehend, dreht sich die aufreizend gekleidete Dame ständig um die eigene Achse, so dass jeder Besucher zeitweilig ihre wohlproportionierte Vorderseite zu sehen bekommt. Es ist verständlich, dass dieses Kunstwerk nach seiner Enthüllung 1993 heiße Diskussionen auslöste, doch inzwischen hat es sich

als „**Konzilgebäude**" ❶. In seinem Raume nämlich fand während des Konzils im Jahre 1417 die Papstwahl statt. 53 Kardinäle und Gesandte waren hier drei Tage lang zum Konklave eingeschlossen, bis sie sich auf den italienischen Kardinal Oddone Colonna einigten, der als Papst Martin V. hieß.

Durch eine Unterführung nahe dem historischen Gebäude erreichen wir die **Marktstätte** ❷ im Zentrum der

Konstanz: Im historischen Konzilgebäude fand im Jahre 1417 die einzige Papstwahl auf deutschem Boden statt.

zu einem der Wahrzeichen der Stadt entwickelt.

Nördlich vom Steg befindet sich der kleine Gondelhafen mit einem Obelisk, der an den berühmten Grafen Ferdinand von Zeppelin erinnert, den Erfinder des gleichnamigen Luftschiffs. Der stattliche Bau an der Landseite des Gondelhafens ist eigentlich ein ehemaliges Kaufhaus, ist aber bekannt

Altstadt. Unter den gefälligen Bürgerhäusern sind der ehemalige „Gasthof zum Goldenen Adler" und das Haus „Zum roten Korb" beachtenswert. Am Ende des Platzes steht der Kaiserbrunnen, mit den Büsten von drei Kaisern versehen, aber auch mit wasserspeienden Seehasen und einem achtbeinigen Pferd, das schon manchen Beschauer überrascht hat.

Konstanz:
An der Hafeneinfahrt
dreht sich Peter
Lenks
Statue „Imperia".

Gleich hinter dem Brunnen biegen wir links in die Rosgartenstraße ein. Im mittelalterlichen Zunfthaus der Metzger, genannt „Zum **Rosgarten**" ❸, ist das gleichnamige Museum eingerichtet. Es enthält Sammlungen zur Stadtgeschichte sowie zu Kunst und Kultur des Bodenseegebiets mit bedeutenden Fundstücken aus der Höhle „Kesslerloch", aus der Pfahlbaukultur und vor allem Dokumenten und Kunstgegenständen der Blütezeit der Stadt im Mittelalter. Eine kurze Strecke weiter begegnen wir der gotischen **Dreifaltigkeitskirche** ❹, erbaut um 1300 als Klosterkirche der Augustiner. Nachdem die Inneneinrichtung den „Bilderstürmern" des 16. Jahrhunderts zum Opfer fiel, sind aus dem Mittelalter lediglich die Fresken aus der Zeit des Konzils erhalten. Später schmückte

man die sonst allzu schlichte Kirche mit barockem Stuck und ansehnlichen Altären aus Zug/Schweiz.

Eine Querstraße wieder zurück, führt die Obere Augustinergasse zum Blätzleplatz mit dem gleichnamigen Brunnen, typischen Gestalten der Konstanzer Fasnacht gewidmet, den „Blätzlebuebe". In Verlängerung der Gasse erreichen wir die Hussenstraße, an deren südlichem Ende das **Schnetztor** ❺ (14. Jh.) den einstigen Verlauf der Stadtmauer markiert. Das nahe Hushaus (um 1500) ist heute Gedenkstätte für den böhmischen Reformator, der hier in Konstanz am 6.7.1415 hingerichtet wurde. Als Märtyrer wird er noch heute mit Blumen geehrt, die am Hussenstein niedergelegt werden (ca. 400 m westlich an der Döbelestraße). Zurück durch die Hussenstraße, erreichen wir am Malhaus (um

Konstanz: beschauliche Rast an der Marktstätte.

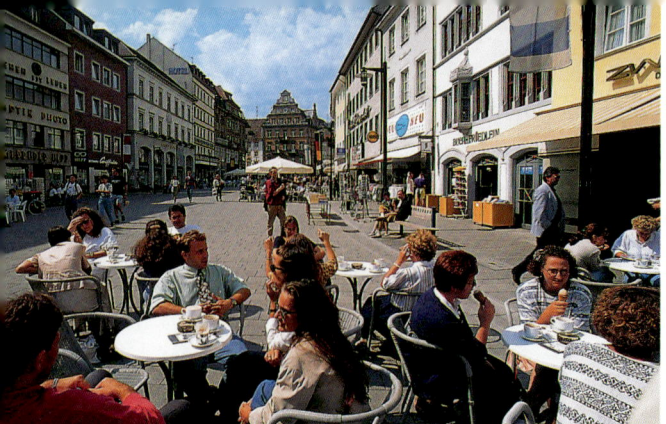

1400, seitdem Apotheke) den Obermarkt, der im frühen Mittelalter auch Platz für öffentliche Hinrichtungen war. Obermarkt und Marktstätte waren im 12. Jahrhundert durch einen Laubengang verbunden. Etwa hier verläuft heute die Kanzleigasse, der wir auf einem Abstecher zum **Rathaus** ❻

Konstanz: Das stattliche Rathaus entstand im 14. Jahrhundert als Zunfthaus der Kramer und Leinweber.

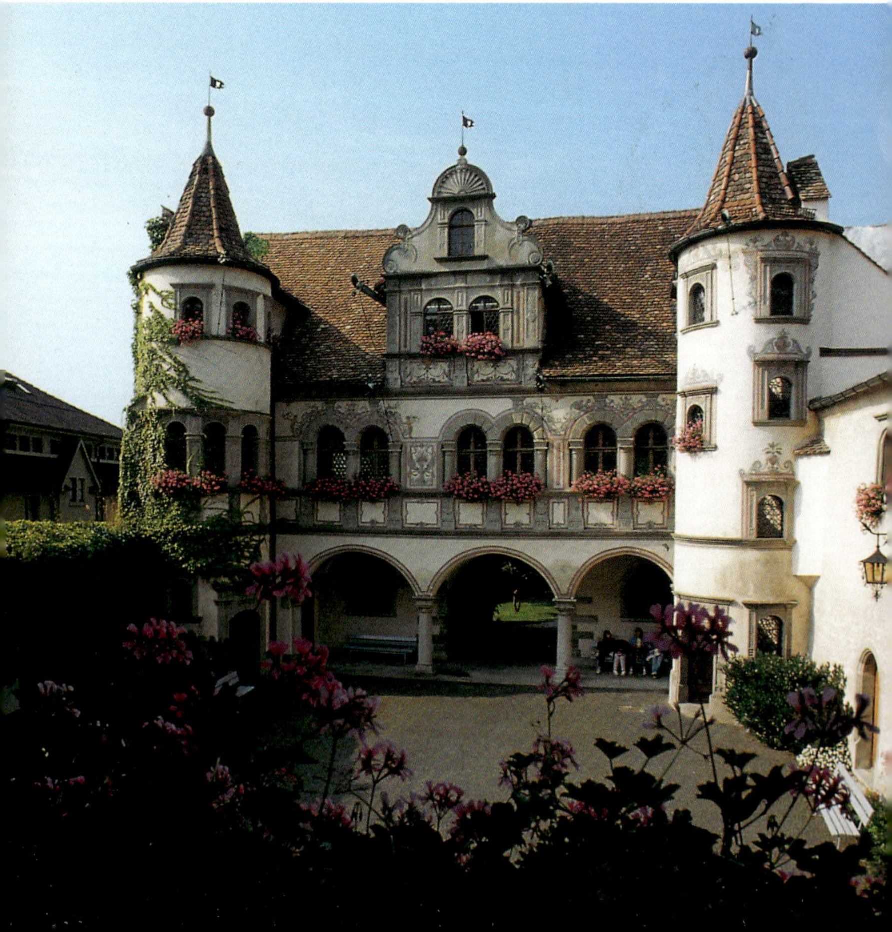

folgen. Vor seinem Umbau zur Stadt-kanzlei im 16. Jahrhundert diente das Gebäude (14. Jh.) den Leinwebern und Kramern als Zunfthaus. Der romantische Innenhof im Stil der Renaissance dient heute im Sommer als Kulisse bei Serenadenkonzerten.

In Verlängerung unseres Weges durch die Hussenstraße kommen wir am **„Haus zum Hohen Hafen"** ❼ (um 1420) vorbei. Seine Wandmalereien (um 1900) berichten von Ereignissen

(1294), das ebenfalls fünf Stockwerke aufweist, dessen Fresken aber aus neuerer Zeit sind. Hier biegen wir links in die Zollerngasse ein, die uns zur spätgotischen **St.-Stephans-Kirche** ❾ (1424-1486, auf romanischen Grundmauern) führt. Sehenswert sind vor allem das reich mit Fabeltieren verzierte Chorgestühl (um 1300 und 1430), das Sakramentshäuschen (1594), die barocke Orgel, eine „Mondsichel-Madonna" und drei Reliefs mit Motiven

Konstanz: Das heutige Hotel „Barbarossa" war bereits 1419 Wirtshaus.

um das Konzil. Vor dem Haus belehnte damals König Sigmund den Burggrafen von Nürnberg, Friedrich IV., mit der Mark Brandenburg. Daneben steht das Hotel „Barbarossa", das bereits seit 1419 als Wirtshaus diente. Sein Name leitet sich von einem noch früheren geschichtlichen Ereignis ab, denn auf dem Platz davor schloss Kaiser Friedrich I. „Barbarossa" im Jahre 1183 Frieden mit den Städten der Lombardei.

Wir biegen nun rechts in die Münzgasse ein und gleich wieder links in die Hohenhausgasse. Noch vor der nächsten Kreuzung finden wir linker Hand in einem Hinterhof den Wohnturm „Zum goldenen Löwen" (um 1450). Die Wandmalerei stammt aus dem 16. Jahrhundert. Weiter vorn in der Gasse steht das **Hohe Haus** ❽

aus der Passionsgeschichte. Ein Blick schräg über den Stephansplatz lässt uns den Balkon am einstigen Franziskanerkloster erkennen, von dem aus Friedrich Hecker am 12. April 1848 angeblich die erste deutsche Republik proklamierte.

Am Chor der Stephanskirche vorbei führt uns die Wessenbergstraße weiter nordwärts zum Wessenberghaus. Das Gebäude entstand in seiner heutigen Form 1617, als man mehrere kleine alte Häuser unter einem Dach vereinte. Sein prominentester Bewohner war Freiherr von Wessenberg, ab 1803 Generalvikar und Bistumsverweser. Heute sind hier unten ein Verkaufsraum der Spitalkellerei und die Wessenberggalerie untergebracht. Sie zeigt in wechselnden Ausstellungen Meisterwerke des 16.-

20. Jahrhundert, u.a. von Rembrandt, Tizian, Raffael, Tintoretto und Dürer. In den Obergeschossen hat die Stadtbücherei ihr Domizil, im Anbau der Kunstverein.

Gegenüber steht das **Münster „Unserer Lieben Frau zu Konstanz"** ❿ mit ihrem 76 m hohen Turm, südlich davor reckt sich die schlanke Mariensäule (1683). Das Gotteshaus entstand ab 1052 auf dem Platz einer eingestürzten Bischofskirche aus dem 8. Jahrhundert, wurde jedoch des öfteren umgebaut, so dass heute neben romanischen auch gotische, barocke und neugotische Elemente zu entdecken sind. Durch die Turmhalle gelangen wir zum sehenswerten Hauptportal. Über seinen 20 Reliefdarstellungen (1470) erkennt man den „Konstanzer Herrgott", ein Holzkruzifix (1518). Im Innern der Kirche tagte 1414-1418 das Konzil, hier wurde Jan Hus der Ketzerei für schuldig erklärt. Ein anderer Reformator aber kostete die Kirche die meisten ihrer Schätze: Ulrich Zwingli, der hier 1505 zum Priester geweiht worden war, ließ es zu, dass seine Anhänger das Gotteshaus plünderten und die wertvolle Ausstattung raubten oder zerstörten. Dennoch gibt es einiges an Sehenswertem zu bewundern: die Orgelbühne gleich hinter dem Portal, die Kanzel (1680) und die romanischen Monolithsäulen im Mittelschiff, der Hochaltar im Chorraum und darunter die frühromanische Krypta (10. Jh.) mit vier vergoldeten Platten (11.-13. Jh.), den Konstanzer Goldscheiben. Vom Hochchor erreichen wir die obere Sakristei, in der ein Kreuzigungsbild von 1348 hängt, und den großen Kapitelsaal (15. Jh.). Die beiden genannten Räume bilden jeweils das Obergeschoss der beiden erhaltenen Flügel des einstigen Kreuzgangs. An ihrer gemeinsamen Ecke befindet sich die Mauritiusrotunde, ein Rundbau aus dem 13. Jahrhundert mit Fresken (16. Jh., Renaissance) und einem Heiligen Grab (1303). Ein Flügelaltar (1524) steht in der nördlichen Seitenkapelle

gleich neben dem Querhaus. Sie grenzt an den Thomaschor, von dem ein schöner gotischer Treppenturm von 1438, die „Schnegg", hinaufführt zur oberen Nikolauskapelle.

Zwischen Thomaschor und Vierung ist das kunstvoll geschnitzte Chorgestühl (15. Jh.) eingebaut. Die letzte Kapelle des nördlichen Seitenschiffs ist die gotische Welserkapelle (15. Jh.).

Am östlichen Ende des Münsterplatzes erhebt sich die ehemalige **Jesuitenkirche** ⓫ (ab 1604, Ausstattung in Rokoko), parallel dazu das frühere Jesuitenkolleg (1609). Damals führten die Jesuiten hier bereits Theaterstücke auf. Da die Bühne noch heute vom Stadttheater benutzt wird, ist sie mit fast 400 Jahren die älteste in Deutschland. Am Münsterplatz stehen auch zwei bemerkenswerte Profanbauten: das Domhotel St. Johann (ursprüngl. Stiftskirche ab 10. Jh., heutiger Bau 1889) und das Haus „Zur Kunkel" (Nr. 5, im 1. OG Wandmalereien um 1300!). Halten wir uns in Richtung See, folgen dann der breiten Konzilstraße und biegen in die Brückengasse ein, stehen wir gleich vor der Spitalkellerei (um 1500). Sie gehört bereits zum Stadtteil Niederburg, dem ältesten von Konstanz, und verwaltet die beiden Weinlagen in Konstanz und bei Meersburg. Schräg gegenüber steht das ehemalige Kloster Zoffingen (1257) mit seiner schlichten Kirche. Folgen wir nun der Brückengasse und biegen gleich zweimal rechts ab, so führt uns die Rheingasse zunächst zum Regierungsgebäude, das 1609 als Dompropstei erbaut wurde. Die Rheinstraße trifft an ihrem Ende auf den mächtigen **Rheintorturm** ⓬ (um 1400), der einst die hölzerne Rheinbrücke bewachte. Von ihr ist noch die Figur ihres Schutzheiligen Nepomuk erhalten. Im weiteren Verlauf des Rheinufers hat man im 19. Jahrhundert die Standbilder zweier Konstanzer Bischöfe sowie der Herzöge Bertold von Zähringen und Leopold von Baden aufgestellt, die uns den Weg zum

Konstanz, Münster „Unserer Lieben Frau": Blick durch das schmucklose Langhaus auf Kanzel und Hauptaltar.

Münster: das Heilige Grab (um 1280).

Konstanz, Münster: die Majestas-Goldscheibe (um 1000).

Konstanz: Der Rheintorturm bewachte einst die hölzerne Brücke über den Seerhein. Im Hintergrund der Turm des Münsters.

Pulverturm ⓭ verkürzen, der einst nordwestlicher Eckpfeiler der Stadtmauer war.

Auf unserem Rückweg halten wir uns an den Verlauf des Seerheins und danach des Seeufers. So gelangen wir gleich nach der Spitalkellerei - unter dem Bahndamm hindurch - auf die „**Insel**" ⓮. Hier befand sich von 1235 bis 1785 ein Dominikanerkloster, in dem verschiedene Gesandtschaften während des Konzils berieten. Nach Auflösung des Klosters wurden die Gebäude u.a. als Kattunfabrik und als Universität genutzt, heute sind sie Inselhotel. Die einstige Klosterkirche dient heute als Festsaal, in dem der Gast die mittelalterlichen Wandbilder betrachten kann. Zurück über die Brücke, folgen wir dem Verlauf des Ufers durch den Stadtgarten bis hin zu unserem Ausgangspunkt am Hafen. Hier grenzt südlich das Stadtviertel Klein-Venedig an, wo seit April 1999 eine besondere Attraktion für Einheimische wie für Gäste geschaffen wurde: das "Sea Life Konstanz". Auf einer Fläche von 3.000 qm folgt der Besucher dem Rhein auf einer eindrucksvollen Reise von den Gipfeln der Alpen bis zum Meeresgrund der Nordsee. Über 3.000 einheimische Süß- und Salzwasserfische beleben zusammen mit anderen Wassertieren die mehr als 30 Aquarien: Forellen und Hechte ebenso wie Kraken, Rochen, Haie und Meeraale. Der unbestrittene Höhepunkt der Unterwasserreise ist ein 8 m langer Acrylglastunnel, der sich durch das größte Becken (320.000 l) zieht. Als würde der Besucher einen Spaziergang auf dem Meeresboden machen, erlebt er die Bewohner des Ozeanbecken hautnah und aus einer völlig neuen Perspektive.

Konstanz: Urlaubsgenüsse auf der Terrasse des Insel-Hotels.

Nicht nur die Aquarien in der Ausstellung sind authentisch nachgebildet, sondern die Räumlichkeiten selbst, so daß der Besucher bei seiner Reise ein Gebirgstal, den Bodensee vor Konstanz, den Rhein mit seinen Schleusen und Wehren, den Rotterdamer Hafen und ein gesunkenes Schiffswrack durchquert. Im selben Gebäude befindet sich das einzige Bodensee-Naturkundemuseum. Hier findet der Besucher jede Menge Informationen und Exponate aus der Geschichte des Sees. Zwischen der Urgeschichte und den neuesten Erkenntnissen über die Biologie des Wassers, Umweltverschmutzung und Fischerei. Eine Sonderabteilung ist den Vögeln gewidmet, besonders denen im nahen Naturschutzgebiet Wollmatinger Ried. Jenseits der Rheinbrücke liegt der Stadtteil Petershausen, benannt nach der Benediktinerabtei Petershausen (ab 10. Jh.). Ihre inzwischen restaurierten Gebäude dienen heute u.a. als Kulturzentrum, Stadtarchiv und Zweigstelle des Archäologischen Landesmuseums. Vor allem aber sind in Petershausen viele der Freizeiteinrichtungen untergebracht, die zu einem modernen Fremdenverkehrsort gehören: zwei Freibäder

und ein Thermalbad, ein Jachthafen und eine Schiffslandestelle, eine Kneippanlage, ein Spielcasino und das „Haus des Gastes" in der sehr schönen Jugendstilvilla „Prym", erbaut für einen Druckknopffabrikanten. Von der Seestraße (schöne Bürgerhäuser des 19. Jh.) sowie den Straßen und Wegen in seiner Verlängerung hat man einen schönen Blick über den „Konstanzer Trichter" auf die Altstadt von Konstanz und Kreuzlingen. Weitere Aussichtspunkte finden wir auf dem Raiteberg (Aussichtsturm von 1912) und im Universitätsgelände auf dem Gießberg.

Selbstverständlich hat eine Stadt wie Konstanz, noch dazu mit Fachhochschule und Universität gesegnet, auch auf dem kulturellen Sektor einiges zu bieten: Neben den historischen Bauten und ihren oft einbezogenen Sammlungen und dem genannten Stadttheater sind es vor allem die Großereignisse wie die Konzertfolge „Klassik live" mit der Südwestdeutschen Philharmonie, der „Konstanzer Jazzherbst", die historische Fasnacht in der „fünften Jahreszeit" und das „Seenachtfest" der Schwesterstädte Konstanz-Kreuzlingen.

Ein beeindruckendes Erlebnis: Der begehbare Unterwassertunnel im neuen "Sea Life Konstanz".

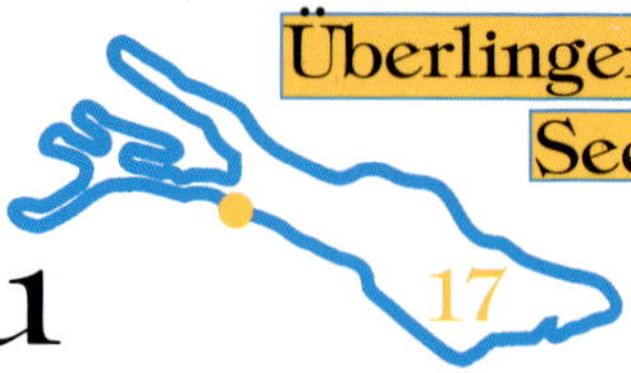

Insel Mainau

17

Nur 7 km sind es - quer über die Spitze der Halbinsel Bodanrück - von Konstanz zur berühmten Blumeninsel Mainau, leicht mit dem Fahrrad, dem Schiff oder dem Stadtbus zu erreichen. Der Stadtteil Staad, auf halbem Weg, liegt bereits am Überlinger See und bildet den Ausgangspunkt zur Fährüberfahrt nach Meersburg (4,5 km, 20 Minuten).

Anschließend passieren wir Konstanz-Allmannsdorf, einen Stadtteil, der mit der Lorettokapelle (1638) und der St.-Georgs-Kirche (1745, Baumeister Anton Beer) immerhin zwei historisch wertvolle Bauwerke besitzt. Einen schönen Rundblick, u.a. schon zur Insel Mainau hinüber, hat der Besucher von der Aussichtsplattform des Wasserturms.

Von der Landseite her erreicht man die Insel über einen Damm und eine Brücke. Hier begrüßt uns das „Schwedenkreuz", eine über 400 Jahre alte bronzene Kreuzigungsgruppe. Sie stand bis zum Dreißigjährigen Krieg

Die Insel Mainau, aus der Luft gesehen, mit Schloss und Parkanlagen.

Blumeninsel Mainau GmbH, 78465 Insel Mainau, Telefon 07531/303-0, Fax 303-248, Führungen unter 303-109, www.mainau.de
Die Insel Mainau ist ganzjährig von Sonnenaufgang bis Sonnenuntergang geöffnet.
Inselbus: *vom Festlandeingang zum Parkplatz des Restaurants Schwedenschenke, im Herzen der Mainau. Von April bis Oktober im Pendelverkehr. Fahrpläne an den Haltestellen.*
Sonnenuntergangsticket: *täglich ab 17 Uhr zum halben Preis.*

wahrscheinlich bei der Schlosskirche, von wo sie die schwedischen Soldaten mitnahmen. Anscheinend wurde sie ihnen jedoch schon bald zu schwer, so dass sie das Kunstwerk einfach an der Stelle im See versenkten, wo sie heute noch unversehrt steht.

Die Insel war bereits im 8. Jahrhundert im Besitz des Klosters Reichenau und gelangte 1272 als Stiftung an die Deutschordenskommende. Mit dem Einzug der Kirchengüter in der Napoleon-Ära wurde die Insel 1806 dem Großherzogtum Baden angegliedert. Großherzog Friedrich I. von Baden kaufte 1853 die Insel und nutzte sie von 1857 bis zu seinem Tod (1907) als Sommerresidenz. Er ließ einen Park anlegen und mit vielerlei tropischen Bäumen bepflanzen, die er größtenteils von seinen Reisen mitgebracht hatte. Seit 1932 gehört nun der Besitz dem Grafen Lennart Bernadotte († 2004) bzw. seiner gleichnamigen Stiftung (seit 1974), seine Tochter, Gräfin Bettina, ist Geschäftsführerin. Der Graf, ein Verwandter des schwedischen Königshauses, ließ die 45 ha große Insel, die auf einem Molassefelsen liegt, in ein „Blumenschiff" verwandelt, das Jahr für Jahr etwa 1,7 Millionen Besucher in seinen Bann zieht. Mit dem Erlös über die Parkplatz- und Eintrittsgebühren finanziert die Stiftung nicht nur die gärtnerische Anlage und den Unterhalt der historischen Gebäude, sondern fördert besonders auch die Wissenschaften (jährliches Treffen der Nobelpreisträger), die Landespflege sowie den Umwelt- und Denkmalschutz.

Hinter der Kasse hält man sich zunächst am Seeufer rechts. Dabei kommt man an der Gaststätte „Lauenstüble", am Kinderland, am kleinen Tiergehege, einem Goldfischteich sowie einer Skulptur vorbei. Parallel oberhalb verläuft die „Straße der Wild- und Strauchrosen". Besonders zur Hauptblütezeit im Mai/Juni ist sie einen Spaziergang wert, übertroffen lediglich vom „Italienischen Rosengarten" südlich des Schlosskomplexes. Von seiner Terrasse haben wir einen schönen Ausblick. Schloss und Kirche entstanden vor 250 Jahren unter Baumeister Giovanni Gaspare Bagnato, dessen Grabstätte wir in der Krypta der Kirche finden können. Sehenswert sind auch die formenreiche Stuckierung und die Altäre des Künstlers Joseph Anton Feuchtmayer. Am

Schloss Mainau aus der Vogelperspektive, rechts die Schlosskirche St. Marien.

Mainau: Blick über gepflegte Blumenrabatten auf die Schlosskirche.

Schlossgiebel befindet sich ein großes Wappen des Deutschen Ordens, der die Gebäude errichten ließ.

Gegen Nordosten zeigen die Molen des Hafens und der Anleger wie Finger zum gegenüberliegenden Ufer. Zwischen Schloss und Hafen befindet sich das Restaurant „Comtureykeller", in dem ein historisches Zehntfass (1689) von 25.000 l zu besichtigen ist. Östlich führen gepflegte Parkwege vorbei am Wehrturm zur Pfauenwiese und zum Arboretum mit seinen stattlichen exotischen Parkbäumen (u.a. Mammutbäume), die jeweils gut beschildert sind. Besonders vom Panoramaweg - zwischen Mediterranterrasse und Großherzog-Friedrich-Terrasse - hat der Besucher eine herrliche Aussicht in Richtung Süden, übertroffen nur noch vom Ausblick von der letztgenannten Terrasse aus. Ganz in der Nähe stehen die kleineren Gewächshäuser, in denen 6000 Arten von Orchideen - davon 1500 Wildarten - ihre herrlichen Blüten entfalten. Von Mitte März bis zum Mai stehen sie im Mittelpunkt der

Großen Orchideenschau im Palmengarten. Im „Mainau-Blütenkalender" folgen ihnen ab April die Frühblüher Narzissen, Tulpen und Hyazinthen (800 Sorten), ab Mai die Azaleen und Rhododendren (fast 300 Sorten), ab Juni 300.000 Sommerblumen und 30.000 Rosenstöcke (Wahl der „Rosenkönigin") sowie zum Ausklang ab September rund 20.000 Dahlien in mehr als 200 Sorten, deren schönste alljährlich vom Publikum zur „Dahlienkönigin" gekürt wird. Daneben finden während der Sommermonate vor allem die fruchttragenden Bananenstauden sowie die Palmen, Orangen-, Mandarinen- und Zitronenbäume viel Beachtung und sind Beweis für das milde Klima dieser Insel. Die Citrusschau (ab 1997) zeigt 55 Sorten der subtropischen „Goldenen Äpfel", eine europaweit einzigartige Sammlung. Seit 1996 kann sich der Besucher zudem an Klassik-Open-Air-Konzerten erfreuen.

Dass die Insel auch im Herbst und Winter attraktiv bleibt, dafür sorgt

Insel Mainau: "Italienische Blumen- und Wassertreppe" nach dem Vorbild italienischer Kaskaden.

eine Reihe von Einrichtungen, die unabhängig ist von Jahreszeiten. So hat man 1996 Deutschlands größtes Schmetterlingshaus eingeweiht, in dem oft Hunderte Falter von bis zu 20 tropischen Arten den Besucher umgaukeln, umgeben von einer blühenden Urwaldlandschaft. Unter dem Motto „Lichtblick im Gärtnerturm" wurde zudem im alten Wehrturm ein Informationszentrum über „Natur und Kultur im Bodenseeraum" geschaffen, wo u.a. mit Hilfe einer aufwendigen 3-D-Diaschau die Schönheit der Bo-

denseelandschaft gepriesen und ihr Schutz empfohlen wird. Eine Wintergartenausstellung gibt Anregungen zur Umgestaltung des eigenen Heims. In einem speziellen Programm „Mainauer Herbst und Winter" werden klassische Konzerte, Lesungen und hochkarätige Ausstellungen der unterschiedlichsten Kunstrichtungen angeboten sowie Gartenseminare und Gourmetkurse abgehalten. Auf diese Weise hat sich die „Blumeninsel" Mainau fast nebenbei zu einem bedeutenden kulturellen Zentrum der Region entwickelt.

Schmetterlingshaus: Eingangsbereich und exotischer Falter.

Auf dem Bodanrück

Nordwestlich der Insel Mainau liegen mit Litzelstetten, Dingelsdorf und Wallhausen drei Ortschaften am Überlinger See, die in den siebziger Jahren in Konstanz eingemeindet wurden. Der ruhige Luftkurort Litzelstetten besitzt eine Pfarrkirche (19. Jh.) mit Rokokogestühl sowie ein Strandbad und einen Campingplatz. Er ist ein vorzüglicher Ausgangspunkt für Wanderungen über den Bodanrück. Nördlich in Richtung Fließhorn ist ein Naturschutzgebiet ausgewiesen. Von der Kuppe und vom flachen Hang des Purren (508 m) hat man einen schönen Blick auf die Insel Mainau, über den Überlinger See bis zur Klosterkirche Birnau und über den Obersee. Zwei Kilometer entfernt liegt Oberdorf, ein Ortsteil von Konstanz-Dingelsdorf. Hier ließ 1747 der Deutschritterorden die harmonisch wirkende Heiligkreuzkapelle erbauen. Baumeister dieses Kleinods im Stil des Rokoko war - wie auf der Mainau - Giovanni G. Bagnato. Auch die Schöpfer der abwechslungsreichen Stuckaturen (Pozzi) und der Deckengemälde (Appiani) waren schon beim Schlossbau auf der Insel aktiv gewesen. Im Hauptort, der ehemaligen Fischersiedlung Din-

Blick über den Überlinger See auf den Ferienort Konstanz-Dingelsdorf am Fuß des bewaldeten Bodanrück.

Dettingen-Wallhausen: Verkehrsbüro, Telefon 07533/9368-16
Dingelsdorf: Verkehrsverein, Rathaus, Telefon 07533/5750, Fax 5268
Litzelstetten: Verkehrsbüro, Rathaus, Telefon 07531/942379-13, Fax -14
www.konstanzplus.de

gelsdorf, gefallen vor allem die prächtigen Fachwerkbauten (17./18. Jh.) im Zentrum, wohl die schönsten im gesamten Bodenseeraum. Sehenswert ist auch die gotische Pfarrkirche St. Nikolaus (1493) mit ihrer barocken Ausstattung. Badeurlaubern aber gefällt besonders der ausgedehnte flache Strand, der wie geschaffen ist für Kleinkinder und Nichtschwimmer.

Weitere zwei Kilometer sind es nach Konstanz-Wallhausen mit seinem einladenden Strandbad. Dieses mehr als 800 Jahre alte Fischerdorf hat sich in den letzten Jahren zu einem renommierten Badeort mit Wassersportzentrum entwickelt. Gleich nordwestlich von Wallhausen endet der flache Strand, die Anhöhen des Bodanrück fallen immer steiler in den See. Besonders deutlich wird das bei der Marienschlucht, die man von Wallhausen aus in etwa 45 Minuten zu Fuß erreicht. Dabei kommt man an der Ruine Burghof - am See gelegen - vorbei. Weniger zeitaufwendig ist die Fahrt mit dem PKW über Dettingen (St.-Verena-Kirche mit hübscher Rokokokanzel) und Langenrain zur Ruine Kargegg. Von ihrem Parkplatz sind es nur wenige Meter zum Beginn der romantisch schönen Schlucht. Von hier oben hat der Besucher einen herrlichen Blick auf den See. Die Schlucht selbst ist lediglich 100 m lang, ist aber bis zu 65 m tief eingeschnitten. Dabei reichen die mit Moosen und Flechten bewachsenen Felswände teilweise bis auf einen Meter aneinander heran und der Wanderer muss sich oft förmlich zwischen ihnen hindurchwinden. Dafür wird er auf seinem anstrengenden Weg über hölzerne Stufen und Stege ab und zu durch einen Blick auf die glitzernde Oberfläche des Sees belohnt. Im unteren Teil der Schlucht, bevor der rauschende Bach sich in den See ergießt, kann sich der Wanderer wie in einem Miniatur-Fjord fühlen. Die Schlucht, schmal eingeschnitten in den Sandstein des Bodanrück, ist Naturschutzgebiet und während der Sommersaison auch von Überlingen, Bodman und Sipplingen aus mit dem Ausflugsschiff zu erreichen.

Ein romantischer Steg führt durch die urige Marienschlucht hinunter zum See.

Bodman-
Ludwigshafen

Ab Langenrain halten wir uns rechts und erreichen über Liggeringen nach gut 10 km den Ort Bodman am Südufer des Überlinger Sees. Obwohl er auch heute lediglich rund 1200 Einwohner zählt, gehört er zu den ältesten im Bodenseegebiet. Funde aus der Stein- und Bronzezeit bekunden eine vorgeschichtliche Besiedlung. Aus dem Jahr 890 ist eine Urkunde überliefert, die den See „lacus potmanicus" nennt, nach dem Ort, der heute Bodman heißt. Hier unterhielten die Karolinger eine Kaiserpfalz, auf den umliegenden Bergkuppen entstanden Burgen. Im Jahr 1277 kamen die Herren von Bodman in den Besitz der ehemaligen Pfalz und der Ortschaft. Auf karolingischen Grundmauern steht die Pfarrkirche (17. Jh.) mit ihrem markanten gotischen Turm. In einem ausgedehnten Park finden wir das gräfliche Schloss, eine Vierflügelanlage aus dem 18. Jahrhundert im Stil des Biedermeier. Das Gebäude ist Wohn- und Verwaltungssitz der Familie des Grafen von Bodman und öffentlich nicht zugänglich. Der Park ist vom 1.4. bis 31.10. werktags für Besucher geöffnet.

Zum gräflichen Besitz gehörte auch das massige Gebäude des Weintorkel (1772), der von der jahrhundertalten Weinbautradition der Schlossherren und der Ortsansässigen zeugt. Der Fachwerkbau mit dem mächtigen Walmdach dient heute teilweise als Weinstube, zeitweise aber auch als Ausstellungsraum für die Werke namhafter Künstler aus der Region. Daneben besitzt der Ort mit dem Torhaus und mit dem Museum im Rathaus weitere Sehenswürdigkeiten für seine Gäste.

Diese kommen aber wohl vor allem wegen der Ruhe des Ortes abseits der Hauptverkehrsstraßen und der unzähligen Wandermöglichkeiten im Gebiet des Bodanrück z.B. zur Ruine Altbodman (herrliche Aussichtsplätze), auf den Frauenberg (ehemals Burg, später Kloster, Wallfahrtskapelle seit 1309, Wallfahrtsgottesdienste), zum Bisongehege oder ins Naturschutzgebiet Aachried zwischen Bodman und Ludwigshafen. In dieses wunderschöne, große Gebiet werden auch Führungen angeboten. Für die Brutvögel wie Zwergtaucher, Nachtigall und Eisvogel ist hier ebenso ein wertvolles Refugium entstanden wie für Tausende von überwinternden oder rastenden Zugvögeln. Für den Naturfreund ergeben sich so, ob vom Uferweg oder der Plattform, immer wieder erfreuliche Beobachtungsmöglichkeiten und Fotomotive. Auch die angrenzenden Streuobstwiesen sind Rückzugsraum für seltene und gefährdete Vögel und Pflanzen.

Bodman gegenüber liegt dessen Partnerort Ludwigshafen (2500 Einw.) verkehrsgünstig und landschaftlich reizvoll zwischen Obstgärten am Fuße bewaldeter Hügel. Vom Waldrand hat der Beschauer einen herrlichen Blick über den Ort, über den See nach Bodman und - bei guter Fernsicht - auf

Tourist-Information, Hafenstraße 5, 78351 Bodman-Ludwigshafen,
Telefon 07773/930040, Fax 930043, www.bodman-ludwigshafen.de

Ludwigshafen: Das mächtige Zollamtsgebäude dient heute als Bürger- und Gästezentrum.

die Alpen. Bereits 1145 wurde der Ort urkundlich als „Sernatingen" genannt. Er gehörte jahrhundertelang zu Vorderösterreich, ehe er zu Beginn des 19. Jahrhunderts zum Großherzogtum Baden kam. 1826 wurde der großzügige Hafen eingeweiht und nach Großherzog Ludwig benannt. Diesen Namen nahm dann - auf Antrag des Gemeinderats - die gesamte Gemeinde an. Der Transport- und Zollhafen war viele Jahre recht gut im Geschäft, ehe sich zum Ende des 19. Jahrhunderts der Warentransport auf die Schiene verlegte. Aus der kurzen Blütezeit des

Handelsplatzes blieb das mächtige Zollamtsgebäude erhalten. Inmitten weitläufiger Parkanlagen direkt am See gelegen, dient der repräsentative Bau heute als Bürger- und Gästezentrum für Tagungen, Seminare und die zahlreichen geselligen wie kulturellen Veranstaltungen. Damit ist das ehemals Großherzoglich Badische Hauptzollamt, versehen mit einer leistungsfähigen Gastronomie, heute Wahrzeichen und gesellschaftlicher Mittelpunkt des kleinen Erholungsorts, zu dessen Angeboten auch ein Strandbad und eine Segelschule gehören.

Bodman: altes Torhaus.

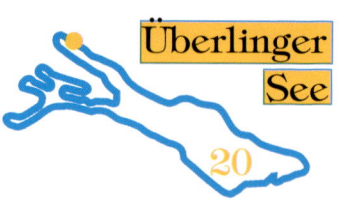

Sipplingen

Zwischen Ludwigshafen und Überlingen liegt an einem recht schmalen Uferstreifen, der Mittagssonne zugewendet, der romantische Erholungsort Sipplingen. Auch hier wurde trotz des bevorzugten Klimas der Weinbau weitgehend vom Obstbau verdrängt. Im Frühjahr umrahmen so vor allem blühende Kirschbäume die Siedlung unterhalb der bewaldeten Höhen, während ihr edelstes Produkt, das Kirschwasser, das ganze Jahr über zu haben ist. Schön renovierte alte Fach-

werkhäuser, mit Blumenschmuck und reizvollen Vorgärten versehen, unterstreichen den dörflichen Liebreiz vor allem im Ortskern und bescherten Sipplingen im Bundeswettbewerb „Unser Dorf soll schöner werden" den 1. Preis. In der geschützten Lage am See siedelten bereits während der Jungsteinzeit Fischer in Pfahlbauten, später standen wehrhafte Burgen über dem Ort. Deren Ruinen sind ebenso noch zu besichtigen wie die Funde aus prähistorischer Zeit. Ein Teil davon ist

Sipplingen: Ortskern mit Bootshafen am Überlinger See. Gegenüber Bodman und der bewaldete Bergzug Bodanrück.

Tourist-Information, 78354 Sipplingen,
Telefon 07551/94 99 370, Fax 3570, www.sipplingen.de

Sipplingen: Brunnen und Fachwerkbau am Rathausplatz.

im ehemaligen Bahnhofsgebäude, andere sind im Heimatmuseum Überlingen und im Pfahlbaumuseum Unteruhldingen ausgestellt.

Wertvolle Bausubstanz besitzt der Ort mit dem Fachwerkbau des Bruderschaftshauses (nach 1600) und dem fünfstöckigen Konstanzer Spitalhof, leicht erkennbar durch seinen typischen Staffelgiebel. Im Rathaus (17. Jh.) ist besonders der schöne Bürgersaal mit seiner Kassettendecke beachtenswert, in der gotischen Pfarrkirche die barocke Innenausstattung mit den Kirchenpatronen, den Hl. Martin und Georg, beides Werke des Künstlers Joseph Anton Feuchtmayer, und einer Muttergottesstatue (17. Jh.). Auch sonst gibt es für den interessierten Besucher besonders im Ortskern mit seinen kleinen Plätzen sowie engen Gassen und Steigen noch manches Kleinod aus vergangenen Zeiten zu entdecken.

Zeitgemäß sind hingegen die schönen Uferanlagen mit dem Strandbad, dem Bootsverleih und den beiden Bootshäfen, bei denen auch immer Gästeplätze zur Verfügung stehen. Minigolf, Boccia, Schach und Tennis sind neben dem Wassersport Möglichkeiten der aktiven Urlaubsgestaltung. Wer es be-

Sipplingen aus der Vogelperspektive.

Sipplingen: Blick über einen der Bootshäfen auf den Ortskern um die gotische Pfarrkirche, die den Heiligen Martin und Georg geweiht ist.

schaulicher liebt, wählt den Sipplinger Landungssteg zum Ausgangspunkt für Bootsausflüge auf den See, vielleicht sogar eine romantische Mondscheinfahrt bei Musik und Kerzenlicht.

Durch seine Lage am Berghang ist Sipplingen auch besonders geeignet für Wanderungen in die Umgebung (40 km markierte Wanderwege). Bänke laden zum Verweilen und zum Blick über Dorf und See ein, ein geologischer Lehrpfad gibt Informationen über die Entstehung der Landschaft. Durch die Südhanglage gedeihen in diesem Gebiet viele seltene Pflanzen, vor allem wilde Orchideenarten, die sonst das mediterrane Klima bevorzugen. Nach einem halbstündigen Marsch bergan erreicht der Wanderer die Ruine der Burg Alt-Hohenfels, auf der im 13. Jahrhundert der Minnesänger Burkhard von Hohenfels lebte. Nach weiterem Marsch gelangt er zum Haldenhof. Es gehörte einst als Spitalgut zur Reichsstadt Überlingen und empfiehlt sich heute als Ausflugslokal mit herrlicher Aussicht.

Auf dem nahen Sipplinger Berg (701 m) befindet sich ein bedeutsamer Teil eines technischen Meisterwerks unserer Zeit, der „Quelltopf" und die Aufbereitungsanlage der Bodensee-Wasserversorgung. Das Wasser wird östlich von Sipplingen in 60 m Tiefe (Temp. um 5° C) aus dem Bodensee entnommen und zunächst mittels riesiger Pumpen auf den Berg befördert. In der Anlage wird es mehrfach gefiltert und durch Zugabe von Ozon keimfrei gemacht. Mit dem Trinkwasser werden etwa 3,5 Millionen Einwohner in Baden-Württemberg versorgt: über Stuttgart und Heilbronn bis in die Gegenden von Bad Mergentheim und Heidelberg. Dem See werden dabei pro Sekunde durchschnittlich 4100 l entnommen, was in etwa der Verdunstungsmenge an der Oberfläche oder 1,1% der Wassermenge entspricht, die bei Konstanz als Seerhein den Obersee verlässt. Auf ihrem Weg in Richtung Nordbaden durchquert die neuere Hauptleitung 2 (Durchmesser 2,25 m) übrigens die Schwäbische Alb in einem Stollen, der in bis zu 260 m Tiefe auf einer Länge von 24 km das Gebirge durchwindet.

Wasseraufbereitungs-Anlage auf dem Sipplinger Berg.

Überlingen

Eine Landstraße mit schönem Blick über den See führt uns in Richtung Überlingen. Wir verlassen sie jedoch bereits beim Stadtteil Goldbach, der malerisch zwischen Weinbergen eingebettet ist. Seine frühromanische Kapelle St. Sylvester stammt aus der Zeit um 1000 und besitzt sehenswerte

Reste mittelalterlicher Wandmalereien. Wenige hundert Meter nordwestlich kann man von einem Aussichtspunkt eine „Gletschermühle" bestaunen, ein aus dem Molassefels ausgefrästes Gletscherloch aus der letzten Eiszeit. Einen schönen Ausblick über den See genießt man vom Eglisbohl, einem Hügel öst-

Überlingen: frühromanische Sylvesterkapelle im Stadtteil Goldbach.

Kur- und Touristik Überlingen GmbH, Landungsplatz 5, 88662 Überlingen, Telefon 07551/94715-22, Fax 94715-35. www.ueberlingen.de
Städtisches Museum: Dienstag bis Samstag 9-12.30 Uhr + 14-17 Uhr, April bis Oktober Sonn- und Feiertage 10-15 Uhr. Wenn Montag Feiertag: Dienstag geschlossen.
Überlinger Stadtgarten: Eine der bedeutensten botanischen Sehenswürdigkeiten am Bodensee. Zugang frei, kein Eintritt, ganzjährig geöffnet.

lich von Goldbach.

Von Goldbach erreichen wir in wenigen Minuten das Zentrum von Überlingen, das im Jahre 770 als königlicher Fronhof „Iburinga" erstmalig in einer Urkunde Erwähnung fand. Übersetzt heißt der Name „Heim der langte vor allem durch den Handel mit Korn, Wein und Salz zu einem bescheidenen Wohlstand. Vor allem aus dieser Zeit stammen bedeutende Bauwerke wie das Münster, das Rathaus, zahlreiche Patrizierhäuser und die Stadtbefestigung. Mit dem

Überlingen: Blick über die Altstadt, deren historische Bauten sich um das Münster St. Nikolaus drängen.

Eber", wobei die Endung -inga, heute -lingen, typisch ist für alemannische Siedlungen in jener Zeit. Kaiser Friedrich I. Barbarossa verlieh ihr im 12. Jahrhundert die Stadtrechte, später wurde sie freie Reichsstadt und ge-

Dreißigjährigen Krieg (1618-1648) endete - wie bei vielen anderen Städten Süddeutschlands - die Blütezeit. Durch ihre Mineralquelle, die bereits 1474 bekannt war, konnte sich die Stadt bereits früh einen Namen als Kurort sichern und den wirtschaftlichen Niedergang mildern. Zwar verlor Überlingen 1802 seine Reichsfreiheit und wurde Baden angegliedert, dafür aber entstanden Mitte des 19. Jahrhunderts attraktive Badeeinrichtungen, Promenaden, Parkanlagen und Hotels. Adel, gehobenes Bürgertum und Künstler besuchten die Stadt, die bekannt wurde als „Klein-Nizza am Bodensee". Unter ihren prominenten Gästen waren die Königin von Württemberg, der Markgraf von Baden sowie die Dichter Ludwig Uhland, Gustav Schwab und ihre Kollegin Annette von Droste-Hülshoff. Als Ende des Jahrhunderts die Heilwirkung der Quelle schwächer wurde, gelang es der Stadt, die Aufmerksamkeit ihrer Besucher auf die reizvolle Altstadt, die landschaftliche Lage am See und das südliche Flair zu lenken. Nach dem 2. Weltkrieg begann sie mit dem Aufbau von Fastenkliniken und Kneipp-Anlagen und erreichte 1956 die staatliche Anerkennung als Kneipp-Heilbad - übrigens Deutschlands südlichstes und das einzige in Baden-Württemberg. Heute ist Überlingen vielbesuchte Kurstadt und Ferienziel, zugleich auch kultureller Mittelpunkt des Linzgaus und Station der Oberschwäbischen Barockstraße.

Überlingens Altstadt hat etwa die Form eines Dreiecks, dessen Basis das Seeufer bildet. Etwa in der Mitte dieser Grundlinie, an der Schiffslandestelle, beginnen wir einen Rundgang. Der Landungsplatz wird beherrscht vom markanten Grethgebäude, dem einstigen Lagerhaus. Heute sind hier neben der Tourist-Information ein Kino sowie eine Markthalle mit Restaurant und Café untergebracht. Anstelle der früheren Seeuferbefestigung hat die Stadt eine der ausgedehntesten Seepromenaden angelegt mit Platz für Strandbäder, Hafenanlagen für Jachten und Sportboote, Segel- und Windsurfschulen, Kur- und Sportanlagen sowie Campingplätze.

Vor dem Grethgebäude wurde 1999 ein eigenwilliger Brunnen des Bodmaner Bildhauers Peter Lenk eingeweiht, dessen Werke schon vor Jahren in Konstanz für viel Diskussionsstoff sorgten. Die von meist älteren Nixen bevölkerte Brunnenschale krönt der berühmte Bodenseereiter, den der Dichter Gustav Schwab im 19. Jahrhundert in einer Ballade verewigte. Der historische Reiter hatte bei der "Seegfröne" von 1573 von Dingelsdorf her den bereits aufbrechenden See in letzter Minute überquert.

Östlich vom Grethhaus stehen in der Hafenstraße noch zwei Stadtsitze von Klöstern aus der Umgebung: der Walderhof (Kloster Wald) und der Petershauserhof (16. Jh., Kloster Petershausen in Konstanz). Die breite Straße gegenüber dem Grethhaus, heute „Hofstatt", war einst Fischmarkt. Im Hausblock westlich davon finden wir die Städtische Galerie „Fauler Pelz" und das spätgotische Zeughaus, in dem heute ein Waffenmuseum untergebracht ist. Am nördlichen Abschluss der Hofstatt steht das historische Rathaus (ab 14. Jh.), dessen Ostflügel Ende des 15. Jahrhunderts im Stil florentinischer Renaissance-Gebäude entstand. Abgetrennt durch einen freien Platz, schließt sich das Münster St. Nikolaus nordwestlich an das Rathaus an. Der südliche Turm wurde bereits in der ersten Hälfte des 15. Jahrhunderts erbaut und mit der mächtigen, fast 9 Tonnen schweren Osannaglocke ausgestattet. Obwohl der Kirchenbau bis 1586 andauerte, unterließ man eine geplante Erhöhung des Turms auf die Größe seines nördlichen Nachbarn (78 m), der die restlichen sieben Glocken des eindrucksvollen Geläuts trägt. Die Ölberggruppe an der Südwestecke entstand 1495. Auch das Innere des Gotteshauses blieb - wahrscheinlich, weil es die finanziellen Kräfte der Bevölkerung überstiegen hätte - weitgehend im ursprünglichen spätgotischen Stil bestehen. Das bei weitem wert-

Überlingen: Der Landungs- platz wird be- herrscht vom markanten Grethge- bäude, dem einstigen Lagerhaus.

Überlingen: Sorgt seit 1999 für viel Ge- sprächsstoff - „Der Boden- seereiter" von dem Bod- maner Bildhauer Peter Lenk .

vollste Stück der Ausstattung ist der Hochaltar, den Jörg Zürn zusammen mit drei Brüdern und seinem Vater um 1613 schuf. Die vier filigran aus Lindenholz geschnitzten Figurengruppen stellen die Verkündigung, die Geburt Christi, die Krönung Mariens und die Kreuzigung dar. Das figurenreiche Meisterwerk ist 10 m hoch und wird von einem kunstvoll geschmiedeten Rokokogitter (18. Jh.) geschützt. Seitlich in Höhe des Altars befindet sich das Sakramentshaus, ein weiteres Werk des Jörg Zürn. Seine Familie gehörte der Überlinger Fischerzunft an, deren Patron St. Nikolaus gleichzeitig Kirchenpatron war. Auch das Chorgestühl von 1430 befindet sich hinter dem Chorgitter. Ab dem 15. Jahrhundert entstanden die 13 Seitenaltäre des Langhauses, von denen wiederum zwei im südlichen Seitenschiff aus der Werkstatt der Familie Zürn stammen.

Am Münsterplatz entdeckt der aufmerksame Besucher ein großes Stadtwappen am Giebel der ehemaligen Stadtkanzlei (heute Stadtarchiv), zu der auch das ansehnliche Portal gehörte. Wir gehen von hier die Krummebergstraße hinauf, die uns zu einem

Städtisches Museum Überlingen:
Madonna (Feuchtmayer 1746).

der schönsten Patrizierhöfe führt, zum Reichlin-von-Meldeggschen Haus. Wie der Ostflügel des Rathauses entstand es im 15. Jahrhundert in Rustikaquadern, ganz im Stil italienischer Renaissance. 1908 kaufte die Stadt das repräsentative Gebäude und richtete darin ein Heimatmuseum ein. Sehenswert sind vor allem die 1695 stuckierte Halle (Schmuzer), die Hauskapelle (1486) und der Terrassengarten, der einen schönen Ausblick über die Dächer der Altstadt erlaubt. Unter den Exponaten befinden sich qualitätvolle Bildhauerarbeiten, u.a. drei Plastiken des bedeutendsten Barockkünstlers am Bodensee, des Joseph Anton Feuchtmayer. Beachtenswert sind auch die alten Puppenstuben und ein Torkel von 1697 aus Hagnau.

Wenige Schritte entfernt verlief der Stadtgraben, von dessen Befestigung die Türme „Rosenobel", ganz in der Nähe, und - südöstlich - St.-Johann-Turm (beide 17. Jh.) übrig blieben.

Zurück durch die Krummebergstraße und gleich rechts abbiegend, erreichen wir die Wiestorstraße, der wir bis zum Franziskanertor abwärts folgen. Westlich steht das Patrizierhaus „Gunzoburg" der Überlieferung nach auf dem Platz, den um das Jahr 600 die Stammburg des Alemannenherzogs Gunzo einnahm. Am Torturm beginnt der Klosterbezirk der Franziskaner, dessen im 18. Jahrhundert errichteter Hauptbau heute als Altersheim dient. Mittelpunkt des geistlichen Lebens aber war die spätgotische Franziskanerkirche (14./15. Jh.), deren Inneres in der Zeit des Barock verändert wurde. Joseph Anton Feuchtmayer schuf den Hochaltar und einige der qualitätvollen Standbilder und zeichnete auch für die Stuckaturen verantwortlich, welche die Fresken des Franz Ludwig Herrmann begleiten.

Vom Tor folgen wir der Aufkircher Straße in Richtung Nordwesten und passieren die einfache spätgotische

Jodokkapelle (sehenswerte Fresken des 15.-17. Jh.), ehe wir mit dem Aufkircher Tor einen weiteren Torturm der Stadtbefestigung vor uns haben. Von hier aus halten wir uns auf unserem Weg in Richtung Bodensee am ehemaligen Stadtgraben, der sich in diesem Bereich durch die obere Parkanlage des Stadtgartens zieht. Ein Rehgehege und schöne Grünanlagen mit subtropischen Pflanzen, Rosenbeeten und der sehenswerten Kakteengruppe (80-90 Arten, die größte Kakteenfreianlage Deutschlands) erfreuen den Besucher. Am westlichen Ende des Stadtgartens steht der „Quellturm" über der Quelle, der man einst große Heilkräfte nachsagte, an der südöstlichen Ecke, unterhalb des Gallerturms, das Kurmittelhaus. Die Bahnhofstraße trennt schließlich den Stadtgarten vom Kurgarten mit seinen verschiedenen Einrichtungen ab: dem Kursaal, den Kuranlagen, dem „Haus des Kurgastes" und der „Schweigewiese".

Von der Christophstraße - in östlicher Verlängerung der Bahnhofstraße - biegen wir noch einmal links in die Grabenstraße ein, dann nochmals rechts in die Steinhausgasse. Hier befindet sich eine weitere Niederlassung eines Klosters, der Salmansweilerhof (1535) des Zisterzienserklosters Salem. Gegenüber steht das Steinhaus (16. Jh.), das der Gasse ihren Namen gab, eine treppengieblige Fassade, hinter der heute die Spitalkellerei untergebracht ist. Die Gasse mündet in die Franziskanerstraße, die geprägt ist von einigen sehr schönen Giebelhäusern des 16. Jahrhunderts, oft geschmückt mit kleinen Erkern. Von hier aus begeben wir uns auf dem kürzesten Weg zurück über die Marktstraße zum Bodenseestrand mit der Schiffslandestelle.

Zu den bereits genannten kulturellen Veranstaltungen gehören selbstverständlich auch Kurkonzerte und die berühmte alemannische Fasnacht. Seit dem Dreißigjährigen Krieg zieht

Überlingen: Blumenpracht im botanischen Stadtgarten.

alljährlich zweimal (Mai und Juli) eine Prozession durch Überlingen. Dabei ist jedesmal die aus Silber getriebene Madonnenskulptur, die - der Überlieferung nach - im Frühjahr 1634 die Stadt vor der Einnahme und Plünderung durch die schwedischen Landsknechte bewahrte. Während der Schwedenprozession tragen die Teilnehmer festliche Kleidung, die Frauen und Mädchen oft noch die altüberlieferte Überlinger Tracht. Im Anschluss jeweils an die zweite Prozession führen einheimische Burschen zur Freude der Zuschauer den „Schwertletanz" auf und lassen damit einen Teil der Vergangenheit anschaulich aufleben. Das Stadtgebiet Überlingens erstreckt sich vom Niveau des Bodensees (395 m ü. NN) bis auf 650 m und ist durchzogen von Reit-, Rad- und Wanderwegen (über 70 km). Ein geologischer Lehrpfad und ein Trimm-Dich-Pfad bieten weitere Anreize für Geist und Körper. Für die Fans kleiner Bälle bietet die Stadt neben Minigolf, Boccia und Tennis - im Freien wie in der Halle - auch einen schön gelegenen Golfplatz.

Kloster Birnau

Überlingens Ortsteile ziehen sich zumeist, umgeben von Obstwiesen, Weinbergen und Wäldern, vom Bodenseeufer aufwärts. Dabei ist besonders das ehemalige Fischerdorf Nußdorf hervorzuheben, das östlich vom Stadtzentrum am Bodensee liegt. Mit seinem großen Angebot an Gasthäusern, Pensionen und Campingplätzen sowie seinem Strandbad hat es sich

Die barocke Klosterkirche Birnau inmitten von Weinbergen, eines der Wahrzeichen des Bodensees.

*Kloster Birnau, Birnau-Maurach 4, 88690 Uhldingen-Mühlhofen,
Telefon 07556/92030, www.birnau.de
Öffnungszeiten: Sommer 7.30-19 Uhr, Winter 7.30-17.30 Uhr.
Führungen nach schriftlicher oder telefonischer Anmeldung.*

eindrucksvoll in die Reihe der ländlichen Ferienorte am See eingefügt. Die Straßennamen des Ortes geben dem Besucher einen Kurzlehrgang in Sachen Bodenseefische im Bereich von A wie Alet und Äsche bis Z wie Zander. Einen Besuch wert ist die Nußdorfer Kapelle, in der ein Schnitzaltar aus dem 15. und Fresken aus dem 16. Jahrhundert erhalten sind.

Nahe dem Ortsausgang von Nußdorf liegt auf einem aussichtsreichen Hügel inmitten von Weinbergen die berühmte Wallfahrtskirche Birnau als Glanzpunkt an der Oberschwäbischen Barockstraße. Der Vorgängerbau „Alt-Birnau" stand etwa 3 km weiter nordwestlich und war, ebenso wie das heutige „Neu-Birnau", ein Filialkloster der Zisterzienserabtei Salem. Ab 1746 schuf der berühmte Baumeister Peter Thumb die Kirche, die zusammen mit den Propsteigebäuden - beiderseits des Turms - eine harmonische Einheit bildet. Damit schaltete sich auch das Kloster Salem - im Trend der damaligen Zeit - in den Wettbewerb um die schönsten Bauwerke ein und nutzte es als Sommersitz ihrer Äbte. 1803 ging mit allem anderen deutschen Kirchenbesitz auch das Kloster Birnau in weltlichen Besitz über, doch überließ es 1919 Prinz Max von Baden den Zisterziensern von Mehrerau bei Bregenz. Noch heute werden die Baulichkeiten hier und in Maurach - unterhalb am Seeufer - von ihnen betreut.

Wie bei allen Barockbauten offenbart sich dem Beschauer die Schönheit des Gesamtwerks vor allem im lichtdurchfluteten und reich verzierten Innenraum, dessen kräftige Wandpfeiler viel Platz freilassen für großflächige Fenster und Deckengemälde. In harmonischen Brauntönen vor allem schuf der Augsburger Hofmaler Gottfried Bernhard Götz das Hauptfresko mit der „Verherrlichung der Lieblichen Mutter" und zahlreiche weitere Deckenbilder. Die eher zurückhaltende Stuckierung stammt von Joseph Anton Feuchtmayer, der auch die sieben Altäre sowie die zahllosen Engels- und Heiligenfiguren gestaltete. Unter den hier schwebenden Engelsgestalten gefällt vor allem der originelle „Honigschlecker" am Altar des hl. Bernhard von Clairvaux, rechts am Übergang zum Chor. In späterer Zeit verändert wurde der Hauptaltar, auf dessen Baldachin liebliche Engel spielen. Darunter befindet sich das Gnadenbild der „Lieblichen Mutter von Birnau", ein Werk aus dem 15. Jahrhundert.

Bergwärts gegenüber der Kirche liegt das Weingut Oberhof, das sich im Besitz der Markgrafen von Baden befindet. Nach Anmeldung kann der Interessierte an einer fachkundig kommentierten Weinprobe teilnehmen oder aber dabei sein, wenn hier Anfang Oktober das traditionelle Uhldinger Weinfest gefeiert wird.

Klosterkirche Birnau: „Der Honigschlecker", Putte von J.A. Feuchtmayer.

Klosterkirche Birnau: herrlich ausgestattete barocke Wallfahrtskirche der Zisterzienser mit Gemälden von Gottfried Bernhard Götz sowie Stuckarbei-

ten und Altären des Meisters Joseph Anton Feuchtmayer.

Uhldingen-Mühlhofen

Von Birnau aus kann der Wanderfreund Unteruhldingen auf einem angenehmen Weg leicht auch zu Fuß erreichen. Er passiert dabei den Weiler Seefelden, der zu den ältesten Pfarreien im Bodenseegebiet gehört. Hier hat nach der Überlieferung der hl. Gallus um 630 einen Gottesdienst abgehalten und hier befand sich im späteren Mittelalter ein Frauenkloster. Aus dieser Zeit steht noch der romanische Turm der sonst spätgotischen Pfarrkirche. Zwischen Seefelden und Unteruhldingen durchquert der Fußweg das interessante Naturschutzgebiet „Seefelder Aach", ein weiterer Weg entlang des Flüsschens führt nach Oberuhldingen. In diesem Ortsteil befinden sich der Bahnhof, das Rathaus und die Bibliothek sowie die Tennisplätze und eine Skateboardbahn.

Unteruhldingen: Rekonstruktion jungsteinzeitlicher Wohnhäuser im Pfahlbaumuseum. Im Hintergrund die Wallfahrtskirche Birnau.

Tourist-Information Uhldingen-Mühlhofen GmbH, 88690 Uhldingen-Mühlhofen, Telefon 07556/9216-0, Fax 9216-20. www.uhldingen-muehlhofen.de
Pfahlbaumuseum: April bis September täglich 9-19 Uhr, Oktober täglich 9-17 Uhr, März und November Wochenende + Feiertage 9-17 Uhr, Dezember, Januar, Februar, Werktage Führung 14.30 Uhr und nach Voranmeldung. Anmeldung und nähere Auskunft unter Tel. 07556/92890-0. www.pfahlbauten.de
Reptilienhaus: April bis Oktober 9.30-18 Uhr. Nov. bis März. Sa., So. und Feier. 11-16 Uhr. Während den Schulferien in den Wintermonaten täglich geöffnet. www.reptilienhaus.com

Impressionen aus dem Reptilienhaus Unteruhldingen.

Das Henkersbeil im Gemeindewappen stammt aus der Zeit vor 1264, als der Ort noch den Herren von Oberrieden gehörte, die ihn dann an das Kloster Salem überschrieben.

Direkt am See liegt der Ortsteil Unteruhldingen, der heute vor allem für seine Pfahlbausiedlungen berühmt ist. Im Mittelalter war der Ort als Hafen auf dem Weg zur Bischofsstadt Konstanz so bekannt, dass Kaiser Friedrich „Barbarossa" selbst mit einer Verfügung den umstrittenen Schiffsverkehr regelte. Noch heute legen hier während der Sommersaison neben den Linien- auch zahlreiche Ausflugsschiffe an. Die Gäste erwartet eine ausgeprägte Fremdenverkehrsgemeinde, die nur wenig von den Zeiten der Fischer und Schiffer erahnen lässt.

Als neue Attraktion hat 2005 das private Reptilienhaus Unteruhldingen eröffnet. Viele exotische Tiere wie Echsen, Geckos, Spinnen und Schlangen haben hier in naturnaher Umgebung eine neue Heimat gefunden.

Weiterhin attraktiv sind das kostenlose Strandbad (Hallenbad im Ortsteil Mühlhofen), die zahlreichen - teils auch geführten - Ausflugsmöglichkeiten, die vielseitige Gastronomie und die vielen Veranstaltungen: sonntägliche Promenadenkonzerte, Gästebegrüßungen, Strand- und Grillfeste, das Weinfest und das große Hafenfest mit der berühmten „Schrott-Regatta", bei der das originellste, bis zum Ziel schwimmende Gefährt prämiert wird. Im gesamten Ortsgebiet haben Fußgänger Vorrang und der Autofahrer sollte sein Gefährt am großen Parkplatz außerhalb des Ortes abstellen. Von hier aus wird er schadstoffarm mit dem „Kurbähnle" zum Hafen kutschiert. Diese Mini-Bahn gehört zum Konzept eines umweltfreundlichen Tourismus, dem sich die Gemeinde verschrieben hat und das ihr innerhalb kurzer Zeit bereits drei diesbezügliche Auszeichnungen eingetragen hat.

Pfahlbaumuseum: Kücheneinrichtung früherer Menschen, rekonstruiert nach Funden vor allem im Bodenseegebiet.

Bei weitem die meisten Besucher kommen jedoch wegen der weltberühmten prähistorischen Pfahlbauten, die seit 2011, zusammen mit anderen im Alpenraum, zum Weltkulturerbe der UNESCO zählen. Bereits 1854 hatte der Schweizer Altertumsforscher Ferdinand Keller bei Niedrigwasser Ansammlungen von Pfählen im Zürichsee entdeckt. Nach seinen Skizzen und den Grabungsergebnissen am Bodensee entstanden ab 1922 die ersten Rekonstruktionen von zwei Siedlungen aus der Jungsteinzeit und aus der Bronzezeit.

Wie gut sich die Holzkonstruktionen und -werkzeuge, die Tongefäße, Waffen und Steinwerkzeuge, Kinderspielzeug, Schmuck und sogar Kleider- und Nahrungsreste über die Jahrtausende im Schlamm erhalten haben, kann der Besucher in dem beeindruckenden Freilichtmuseum betrachten. Im neu erstellten Museumsbau auf dem Festland sind vor allem Fundstücke aus Unteruhldingen und Sipplingen zusammengetragen und übersichtlich geordnet. Daneben dienen der Vortragsraum, das Archiv und die Bibliothek interessierten Gästen und

Familienspiele beim Pfahlbaumuseum: Brotbacken.

den Forschern vom angeschlossenen Institut für Vor- und Frühgeschichte. Ein geführter Rundgang von etwa 45 Minuten bringt die Besucher zunächst in das Dorf aus der Jungsteinzeit vor etwa 5500 Jahren. Eindrucksvoll erlebt er hautnah, wie unsere Vorfahren Stein und Holz bearbeiteten, Tontöpfe und Stoffe herstellten, kochten, backten, jagten, fischten und ihre Felder bestellten und abernteten. In allen diesen Techniken ist der Fortschritt hin zur Bronzezeit - vor rund 3000 Jahren - unübersehbar. Dazu kamen vor allem die Haustierhaltung (Rind, Schwein, Schaf, Ziege) und die Metallbearbeitung einschließlich der Herstellung von Schmuck. Auch wenn inzwischen wissenschaftlich erwiesen ist, dass die Pfahlbauten einst nicht über dem Wasserspiegel sondern im sumpfigen Ufergelände standen, bieten sie uns heute doch in beeindruckender Weise ein wissenschaftlich fundiertes Abbild der Wohngemeinschaften aus jener Zeit.

Abendstimmung über dem Pfahlbaumuseum.

Salem und Heiligenberg

Auf unserem Weg von Oberuhldingen nach Salem kommen wir nach 3 km am „Affenberg" vorbei.

Man spaziert durch ein fast 20 ha großes Waldstück, und darin tummeln sich frei über 200 Berberaffen. Keine trennenden Gitter oder Gräben. Der Besucher ist gleichsam Gast im Heimatgebiet dieser aufgeweckten Tiere und darf sie sogar mit speziell zubereitetem, gratis ausgeteiltem Popcorn füttern. Dieser hautnahe Kontakt ist nicht nur für Kinder ein Riesenspaß, sondern auch für Erwachsene ein ganz besonderes Erlebnis.

Die Heimat der Berberaffen ist Marokko und Algerien. Dort leben sie im Gebirge bis in Höhen von zweitausend Metern. Sie fühlen sich am Bodensee klimatisch wie zu Hause und völlig wohl. Da die Berberaffen vom Aussterben bedroht sind, stellen die Affenberg-Tiere einen wertvollen Reserve-Bestand dar.

Im Eintrittspreis inbegriffen sind noch weitere Attraktionen: der malerische Storchenweiher mit Karpfen und verschiedenen Wasservögeln, daneben eine imposante, frei liegende Brutkolonie von Störchen. Zudem sorgt ein Damwildgehege für eine beobachtenswerte Nachbarschaft zu den Berberaffen. Ein reich bebilderter Informationsraum, den man sich am besten schon vor dem Besuch des Freigeheges ansieht, gibt eingehend über Leben, Gefährdung und Erforschung der Berberaffen Auskunft. Einzigartig ist auch die "Galerie" mit Affendarstellungen aus aller Welt. Hübsche Andenken gibt es im Souvenirladen, und schließlich wird an der gemütlichen Hofschenke auch für das leibliche Wohl gesorgt.

Nach dem Ausgang aus dem Affen-Freigehege führt ein neuer Weg zu einer Aussichtsterrasse mit wunderbarem Blick über den Storchenweiher in die Drumlin-Landschaft hinein.

Nach weiteren 4 km erreichen wir Schloss Salem.

Salem, das bedeutendste unter den ehemaligen Klöstern des Zisterzienserordens in Süddeutschland, begegnet seinen Besuchern heute als wohlerhaltenes Denkmal deutscher Geschichte und abendländischer Kultur. 1137 gegründet, nur Kaiser und Papst unterstellt, entwickelte es sich durch Fleiß und Geschick seiner Ordensbrüder zu seiner späteren großen Bedeutung. Im Zuge der Säkularisation gelangte es 1802 in den Besitz der Markgrafen von Baden. Durch eine liebevolle Denkmalpflege bietet Salem seinen Besuchern auch heute noch ein Bild jener klösterlichen Prachtentfaltung, wie sie dem 18. Jahrhundert eigen war.

Salemer Kultur & Freizeit GmbH, Schloss Salem, 88682 Salem. www.salem.de
Öffnungszeiten: April bis Ende Okt. Wochentage 9.30-18 Uhr, Sonn- und Feiertage 10.30-18 Uhr. Informationen Telefon 07553/91653-36, Fax 91653-37,
Affenberg Salem, www.affenberg-salem.com Öffnungszeiten: 15. März bis
2. November täglich 9 - 18 Uhr durchgehend geöffnet. Tel. 07553/381, Fax 6454.
Tourist-Information, 88633 Heiligenberg, www.heiligenberg.de
Telefon 07554/9983-12, Fax 998327, Schloss der Fürsten zu Fürstenberg:
Mitte April bis Oktober Dienstag bis Sonntag geöffnet, Führungen um 11, 14 und 15.30 Uhr.

Affenberg Salem

Salem: Seitenschiff des gotischen Münsters.

Heute ist Salem ein prachtvoll restauriertes Schloss. Es lädt zum Staunen und Genießen ein. In sachkundigen Führungen erlebt der Besucher Architektur, Kunst und Geschichte aus 7 Jahrhunderten von Gotik und Renaissance über Barock und Rokoko bis hin zum Frühklassizismus, der in der Ausstattung des gotischen Münsters seinen Höhepunkt findet.

Um drei Innenhöfe gruppieren sich die ausgedehnten Trakte des ehemaligen Konventgebäudes. Die in reichem Barock ausgestatteten Innenräume werden als Museum genutzt, dessen Glanzlichter der herrliche Kaisersaal (Stuckarbeiten Franz Joseph Feuchtmayer), die Prälatur mit dem Rokoko-Arbeitszimmer des Abtes und die prachtvoll ausgestattete Bibliothek darstellen. Im Nordflügel des heutigen Schlosses ist zudem ein Feuerwehrmuseum untergebracht, das anhand von historischen Spritzen, Geräten, Modellen und Dokumenten die Entwicklung des Brandschutzes aufzeigt. Der Bernhardusgang, der an das Münster anschließt, war einst Teil des Kreuzganges und wurde von Wessobrunner Stukkateuren ebenso kunstvoll gestaltet wie das Sommerrefektorium, der heutige Betsaal. Im Westflügel ist das renommierteste Internat Deutschlands untergebracht, das 1920 von Prinz Max von Baden

▲ *Münzkabinett des Klosters* Schuhmacher-Werkstatt ▲

▼ *Glasbläser* ▲ *Schloss Salem* *Baumtorkel (um 1706* ▼*)*

Kloster Salem: Der prunkvolle Kaisersaal mit den Stuckarbeiten F.J. Feuchtmayers (1708) gehört zu den schönsten Festsälen Deutschlands.

gegründet wurde. Der berühmteste Schüler war der Prinzgemahl der Königin Elizabeth II. von England. In den ehemaligen Wirtschaftsräumen erhält der Besucher im Kunsthandwerkerdorf Einblick in historische Arbeitsprozesse bei der Kunst der Töpferei, des Musikinstrumentenbaus, der Glasbläserei, der Gold- und Kunstschmiede, des Holzkünstlers und des Schuhmachers. Attraktive Sehenswürdigkeiten in der 17 ha großen geschlossenen Anlage stellen der ehemalige Marstall, die historische Schmiede, das gotische Haus, und der Lange Bau dar. Im Torkelhaus, befindet sich das Küfereimuseum mit einer mächtigen Baumtorkel aus dem Jahre 1706. Hier, umgeben von alten Küfereigeräten, Fasszieraten und Werkzeugen spürt man die große Bedeutung, die der Weinbau in Salem hatte und dessen 800jährige Tradition bis heute ungebrochen fortgeführt wird zur Freude aller, die einen guten Wein schätzen. In der benachbarten Vinothek kann der Gast die typischen Bodensee-Weine verkosten und auch kaufen. Im gotischen Haus informiert das Brennereimuseum über die Entwicklung der Branntweinherstellung.

Das Neue Museum ist Wechselausstellungen vorbehalten. Ein großer Abenteuer-Spielplatz, ein Phantasiegarten und die Weinstube im ehemaligen Gefängnis, der Gasthof „Schwanen" und eine Cafeteria komplettieren das Angebot für Ausflügler und Urlaubsgäste auf dem Schlossgelände.

Die Großgemeinde Salem (10.000 Einw.) besteht aus 11 Ortsteilen, die einen ruhigen Ferienaufenthalt abseits allen Trubels bieten. An Freizeitaktivitäten sind Wandern, Radwandern und Reiten möglich, ebenso Tennis, Angeln und Schießen sowie vor allem Schwimmen in der großzügigen Freibadanlage am Schlosssee.

Eine reizvolle Fahrt (10 km) führt uns durch das Salemer Tal hinauf auf den Heiligenberg und in den gleichnamigen Luftkurort (3100 Einw.). Das Plateau in mehr als 700 m Höhe erlaubt herrliche Ausblicke über das Tal. Die Kur- und Feriengäste schätzen vor allem die reine Luft und die Ruhe abseits der großen Verkehrs- und Touristenströme. Für Aktivurlauber bietet der Ort erlebnisreiche, markierte Wander- und Radwege, ein beheiztes

Schloss Heiligenberg: Eine herrliche geschnitzte Holzdecke im Stil der Renaisance, die wohl schönste in Deutschland, überspannt den großen Rittersaal.

Freibad sowie Tennis und Minigolf, im Winter gespurte Loipen und zwei Skilifte in den Ortsteilen Betenbrunn und Wintersulgen. Bei geführten Wanderungen und Radtouren unter fachkundiger Leitung lernt der Gast die einheimische Pflanzen- und Tierwelt näher kennen.

Hauptattraktion des Ortes ist jedoch das Schloss der Fürsten von Fürstenberg, um 1575 anstelle einer Burganlage auf einem Felssporn am Steilhang errichtet. Das schöne Renaissanceschloss wurde im Laufe der Jahrhunderte nie zerstört und auch nur selten bewohnt, so dass es kaum störende Veränderungen erfuhr und heute als eines der besterhaltenen Beispiele dieser Bauepoche gilt. Berühmt ist vor allem der „Rittersaal",

ein über zwei Stockwerke reichender Festsaal von 36 m Länge und 10 m Breite, den eine herrliche, in Holz geschnitzte Renaissancedecke überspannt, die wohl schönste in Deutschland. Kostbare Schnitzarbeiten schmücken auch die reizvolle Schlosskapelle. Beide Räume sind ebenso bei einer Führung zu besichtigen wie die alten Wohnräume jener Zeit und die Schlossküche, die noch vor wenigen Jahren benutzt wurde. Von der Terrasse und dem Park des Fürstlich Fürstenbergischen Schlosses schweift der Blick bei guter Fernsicht weit über den Bodensee bis hin zur mächtigen Alpenkette mit dem Säntis.

Das Fürstlich Fürstenbergische Schloss Heiligenberg entstand ab 1535 im Stil der Renaissance auf dem Platz einer mittelalterlichen Burg.

UNESCO Welterbestätte
Insel Reichenau

Untersee

25

Von Meersburg erreicht auch der Autofahrer mit der Fähre Konstanz-Staad wieder die Halbinsel Bodanrück. An ihrer Südseite führt die B 33 von Konstanz in Richtung Radolfzell. Nach etwa 5 km erreicht er den Abzweig zum Reichenauer Damm. Naturfreunde werden sich da einen Abstecher zum bekannten Wollmatinger Ried gönnen,

wenn man an der Kreuzung zum Damm nach rechts abbiegt. Ausgerüstet möglichst mit Gummistiefeln, Fernglas und - im Sommer und Herbst - Insektenschutzmittel, hat der Besucher eine gute Chance, recht seltene Vogelarten wie den Eisvogel, die Kolbenente, die Uferschnepfe, den Schwarzhalstaucher und den Seidenreiher zu erblicken. Sie

Insel Reichenau: Neuzeitliche Skulptur des Bischofs Pirmin; im Hintergrund die romanische Kirche St. Georg.

dem mit 760 ha größten Schilfwald am Bodensee. Zum Schutz der hier rastenden und brütenden Vögel ist das Betreten des Naturschutzgebietes nur im Rahmen einer Führung möglich, die der Naturschutzbund Deutschland ganzjährig anbietet. Er hat sein Informationszentrum im ehemaligen Bahnhof Reichenau, das man schnell erreicht,

gehören zu den mehr als 200 Vogelarten, die hier im Ried registriert wurden, etwa ein Drittel davon als Brutvögel. Wer aus Zeitgründen nur einen Blick über das Schilfgebiet werfen will, sollte etwa 1,5 km hinter der Kreuzung von der B 33 in Richtung „Waldsiedlung" abbiegen, wo er bald einen guten Aussichtspunkt erreicht.

Tourist-Information, Pirminstraße 145, 78479 Reichenau, Telefon 07534/9207-0, Fax 9207-77. www.reichenau.de
Die Kirchen St. Maria und Markus, St. Georg und St. Peter und Paul sind tagsüber für Besucher geöffnet.
Schatzkammer im Münster St. Maria und Markus:
April bis September Montag - Samstag 10-12 Uhr + 15-17 Uhr.
Museum Reichenau: *April bis Okt. täglich 10.30-16.30 Uhr, Juli, Aug. täglich 10.30 bis 17.30 Uhr, Nov. bis März Sa., So. + Feiertag 14-17 Uhr.*

Die Straße auf die Insel Reichenau führt seit 1838 über einen Damm, der beiderseits von Pappeln flankiert ist. Während der Überfahrt blickt man nach links über den Untersee hinüber zum schweizerischen Ufer, rechts erstreckt sich der Gnadensee vor dem breiten Schilfgürtel des Naturschutzgebietes, der überragt wird von den bewaldeten Höhen des Bodanrück. Zunächst passieren wir die fürstäbtliche Festungsruine Schopfeln (10. Jh.) und die neuzeitliche Skulptur des Bischofs Pirmin, der im Jahr 724 das Kloster Reichenau gründete. Nachdem wir den „Bruckgraben" passiert haben, ist die Insel erreicht, die „Reiche Aue". Die frühere Klosterinsel hat die UNESCO im Jahre 2000 in die Welterbeliste aufgenommen als Kulturlandschaft, die ein herausragendes Zeugnis von der religiösen und kulturellen Rolle eines großen Benediktinerklosters im Mittelalter ablegt.

Mit etwa 4,5 km Länge und 1,5 km Breite ist sie zwar die größte Bodenseeinsel, dennoch aber gut überschaubar und auch für Wanderer und Radfahrer leicht zu erkunden. Berühmt ist die Insel heute sowohl für ihre romanischen Kirchen als auch für den Anbau von Qualitätsgemüse, der inzwischen den Weinbau und den Fischfang überflügelt hat. Begünstigt durch das milde Bodenseeklima und den fruchtbaren Boden, schaffen die fleißigen „Auer" - so nennen sich die Inselbewohner selbst - bis zu drei Ernten im Jahr. Dass sie der neuzeitlichen Technik nicht abgeneigt sind, bewei-

Die Insel Reichenau, aus der Luft gesehen: vorn links die Siedlung Niederzell, im Hintergrund der Damm zum Bodanrück, links davon der Gnadensee, vorn der Zeller See, oben der Untersee.

sen die modernen Bearbeitungs- und Erntemaschinen sowie die zahlreichen Gewächshäuser, deren Temperatur und Luftfeuchtigkeit elektronisch gesteuert werden. Andererseits widersetzten sich die „Auer" erfolgreich dem Bau großer Hotels auf ihrer 4,3 qkm großen Insel. Stattdessen erwarten den Gast gemütliche Unterkünfte in kleineren Hotels, Gasthäusern und Ferienwohnungen sowie bei Privatleuten, deftige einheimische Speisen ebenso wie exquisites Schlemmen in gepflegter Atmosphäre. Der Zusammenhalt und die Verwurzelung mit den Traditionen zeigt sich bei der Bevölkerung auch bei der Vielzahl der Vereine auf der Insel, die - im Verhältnis zur Einwohnerzahl - wohl einmalig ist. Sehenswert sind dabei besonders die Auftritte der historisch uniformierten Bürgerwehr mit ihren Vorderladern und der einheimischen Trachtengruppen. Sie treten besonders bei den drei speziellen Kirchenfesten auf, die es nur auf der Reichenau gibt, und bei deren Prozessionen die Reliquienschreine aus der Schatzkammer des Münsters mitgeführt werden.

Vor allem aber ist die Geschichte der einst bedeutenden Insel in ihren drei Kirchen lebendig, die im frühen Mittelalter zur Abtei gehörten. Die erste erreichen wir in der Streusiedlung Oberzell, dem hl. Georg geweiht.

Typisch Reichenau: Gemüsefelder und die romanische Kirche St. Georg in Oberzell.

Georgskirche: berühmte Wandmalereien (10. Jh.).

Reichenau: romanisches Münster St. Maria und Markus in Mittelzell.

Die karolingische Säulenbasilika entstand unter Abt Hatto III. um das Jahr 900, die romanischen Anbauten im 11. und die gotische Vierung im 15. Jahrhundert. Berühmt ist die Kirche für ihre überaus reichen Wandbilder aus der Blütezeit des Klosters in ottonischer Zeit (10. Jh.). Zwischen den kräftigen Rundsäulen und den breiten, räumlich wirkenden Mäanderfriesen erscheinen die Brustbilder von Äbten, in den Händen Bücher als Symbol ihrer Amtsgewalt. Darüber sind in acht Bildern die Wundertaten Christi dargestellt, die Heilung von Kranken und die Erweckung vom Tod. Unter den später ergänzten Wandmalereien ist die originelle Darstellung vom „Geschwätz der Frauen" (14. Jh.) bemerkenswert, welches Teufel auf die berühmte „Kuhhaut" schreiben.
Folgen wir der Seestraße in nordwestlicher Richtung, so kommen wir bald an der Fischbrutanstalt vorbei, die mit dazu beiträgt, den Fischbesatz im Bodensee trotz intensiver Bewirtschaftung auf einem hohen Niveau zu halten. Schließlich führt uns der Verlauf der Straße nach Mittelzell, wo wir wieder auf die Pirminstraße treffen, die Hauptverkehrsader der Insel. Im Zentrum befinden sich das Verkehrsbüro und das alte Rathaus (14. Jh., heute Heimatmuseum) mit der Gerichtslinde. Wenige Minuten nördlich erhebt sich das Münster St. Maria und Markus. An seiner Stelle stand die erste Kirche auf der Reichenau, die der Wanderbischof Pirmin zusammen mit dem Kloster im 8. Jahrhundert begründete. Er und einige seiner Nachfolger übten bis Mitte des 11. Jahrhunderts großen Einfluss aus auf die Politik, Architektur, Literatur, Musik und Malerei jener Zeit und führten damit zum Ruhm der großen Abtei. Abt Waldo

(786-806) war gleichzeitig Bischof von Padua, Regent des Königs von Italien und Kanzler Karls des Großen. Er verhalf der Klosterschule zu einem guten Ruf als Bildungsinstitut der Elite und begründete die umfangreiche Klosterbibliothek, von der heute allerdings nichts mehr vorhanden ist. Sein Nachfolger, Abt Hatto I., Freund und Berater Kaiser Karls, wirkte als sein Gesandter in Konstantinopel und gleichzeitig als Bischof von Basel. Zu den großen Äbten gehört auch Walahfrid Strabo (838-849), der als Gelehrter, Erzieher und Dichter den Kaiserhof in Aachen bereicherte. Berühmt wurde sein Gartenbuch „de cultura hortorum", „Hortulus" genannt. In Gedichtform und in Reimen beschreibt er die 24 Kulturpflanzen, die heute in einer Neuanlage beim Münster im „Kräutergärtle" gepflegt werden. Abt Hatto III. wurde gar zum Erzbischof von Mainz und Erzkanzler des Reiches berufen. Eine letzte Blüte erlebte das Kloster zu Beginn des 11. Jahrhunderts unter Abt Berno, der sich als Lehrer des später berühmten Wissenschaftlers „Hermann der Lahme" einen Namen machte, eines Universalgenies vor allem in den Bereichen Theologie, Mathematik, Astronomie, Dichtkunst, Musik und Geschichte. Bald danach verlor das Kloster jedoch rasch an Bedeutung und verarmte. Ab 1540 waren die Bischöfe von Konstanz gleichzeitig Äbte auf der Reichenau, ehe der Papst 1757 das Kloster aufhob.

Die ehemaligen Klostergebäude vor dem Münster wurden gleich nach 1600 erbaut und dienen heute als Rathaus. Der romanische Kirchenbau in seiner jetzigen Gestalt stammt aus dem 8. und 11. Jahrhundert, lediglich Chor und Schatzkammer sind aus gotischer Zeit. Im westlichen der beiden Querschiffe befinden sich Abtsgrabsteine, eine Kreuzigungsgruppe (17. Jh.) sowie in der Mitte die Grabplatte des Abts Berno, dahinter der Markusaltar (1477) mit den Reliquien des Heiligen und darüber die Kaiserloge, von der einst auch die Reliquie gezeigt wurde. Einen Besuch wert ist vor allem auch die „Schatzkammer" in der ehemaligen Sakristei mit dem romanischen „Oberzeller Kreuz", fünf gotischen Reliquienschreinen und dem Hostienbehälter aus Elfenbein (5. Jh.).

Mit der ehemaligen Stiftskirche St. Peter und Paul steht das letzte der drei romanischen Gotteshäuser der Insel im Ortsteil Niederzell. In seiner heutigen Form entstand es um 1100 auf dem Platz einer Basilika aus dem 8. Jahrhundert. Das Innere wurde durch ein stuckiertes Barockgewölbe anstelle der Flachdecke modernisiert, doch hat man in der Apsis des Mittelschiffs wertvolle romanische Fresken (Anfang 12. Jh.) freigelegt: im Zentrum Christus in der Mandorla, umgeben von den Symbolen der vier Evangelisten und den beiden Kirchenpatronen, in zwei Reihen darunter die zwölf Apostel und ebenso viele Propheten des Alten Testaments.

Reichenau: Reliquienschrein (um 1000) im Münster.

Reichenau: Die zweitürmige Säulenbasilika St. Peter und Paul in Nieder-zell wurde um 1100 erbaut.

Neben seinen unvergleichlichen Zeugen großer geschichtlicher Vergangenheit bietet die Insel Reichenau dem heutigen Gast vieles an heute fast selbstverständlichen Möglichkeiten der Feriengestaltung: Sportboothafen, Surf- und Segelschule, Bootsvermietung, Strandbad, Sport- und Tennisplätze gehören ebenso dazu wie gepflegte Wander- und Radwege, die auch zur „Hochwart" führen, dem mit 43 m über Bodenseeniveau höchsten Punkt der Insel. Von hier lohnt ein weiter Blick über die Insel und über den Untersee (Gnadensee im Norden, westlich der Zellersee, südlich der Rheinsee). Für größere Wanderungen empfiehlt sich der Ortsteil Reichenau-Waldsiedlung - auf dem Festland gelegen - als Ausgangspunkt. Dagegen gibt es im Norden (Personenfähre nach Allensbach) und Süden (Richtung Rhein, nach Mannenbach/Schweiz und Richtung Konstanz) der Insel mehrere Möglichkeiten, erlebnisreiche Schiffsausflüge zu unternehmen.

Reichenau: Ein Fischer repariert seine Netze. Hinten Kloster Mittelzell.

Allensbach

Auf unserem Weg nach Allensbach lohnt ein kurzer Stopp im Ortsteil Hegne, nur etwa 1 km hinter Reichenau-Waldsiedlung gelegen. Das Renaissance-Schloss Hegne diente einst den Konstanzer Bischöfen als Sommersitz und wurde mehrfach umgestaltet. Seit über 100 Jahren wird es von den „Barmherzigen Schwestern vom Heiligen Kreuz" als Provinzialmutterhaus genutzt. Viele Pilger kommen alljährlich an das Grab der Schwester Ulrika, die hier 1913 im Alter von nur 31 Jahren starb und 1987 selig gesprochen wurde.

Nach weiteren 2 km erreichen wir das Dorf Allensbach (6500 Einw.), in

Blick über Allensbach, den Gnadensee und die Insel Reichenau auf das schweizerische Ufer des Untersees.

Kultur- und Verkehrsbüro, Konstanzer Straße 12, 78476 Allensbach, Telefon 07533/801-35, Fax 801-36. www.allensbach.de
Wild & Freizeitpark: *Ganzjährig geöffnet. Mai bis September 9-19.30 Uhr, Oktober bis April 10-19.30 Uhr. www.wildundfreizeitpark.de*

ganz Deutschland bekannt als Sitz des Instituts für Demoskopie (Meinungsforschung). Der über 1000 Jahre alte Ort diente im frühen Mittelalter als Stapel- und Verladeplatz für die Naturalsteuern, den „Zehnten", den die vom Kloster Reichenau abhängigen Bauern zu entrichten hatten. In umgekehrter Richtung transportierte man der Überlieferung nach ab und an Verbrecher, die zum Tode verurteilt waren, da auf der Klosterinsel jegliche Waffen verboten waren. Die Delinquenten wurden auf dem Galgenberg von Allensbach hingerichtet. Läutete aber während der Überfahrt die Arme-Sünder-Glocke des Klosters, so war der Verurteilte begnadigt. Er wurde am Ufer freigelassen und des Landes verwiesen. Nach diesem Brauch heißt dieser Teil des Untersees noch heute Gnadensee. Die historisch gewachsene Bindung an die Insel bekunden die Allensbacher noch heute alljährlich mit der farbenfrohen „Wasserprozession" im Rahmen ihres Heimatfestes.

heute durch die schönen Stuckarbeiten und Deckengemälde. Für Aktivurlauber bietet der Ort gepflegte Uferanlagen, Freischwimmbad, Boots-, Kanu- und Fahrradverleih, Kneippeinrichtungen, Tennis, Fitnesscenter, Sauna, Solarium und Gelegenheiten zum Segeln und Angeln. Besonders geeignet ist er für Wanderfreunde: 85 km markierte Wege führen u.a. zu einem Grillplatz und zum Waldlehrpfad bis hin zum Wild- und Freizeitpark Allensbach - mit vielen einst hier heimischen Tieren - und zur urigen Marienschlucht am Überlinger See, die dennoch zur Gemarkung Allensbach gehört.

Wer einen Spaziergang durch den Wildpark eingeplant hat, benutzt am besten die Nebenstrecke über Kaltbrunn, um dann beim nächsten Bodenseedorf Markelfingen wieder die B 33 zu erreichen. Es gehört politisch bereits zu Radolfzell und ist als Ferienort und

Über 300 Wildtiere laden im nahe gelegenen Wild- und Freizeitpark zum Entdecken, Staunen und Beobachten ein.

An historischer Bausubstanz sind das Fachwerkhaus der alten Schule (1751, heute Heimatmuseum) und die Barockkirche „St. Nikolaus" erwähnenswert. Das ursprünglich gotische Gotteshaus (15. Jh.) mit dem Zwiebelturm gefällt

Ausgangspunkt für Wanderungen über den Bodanrück beliebt. Sehenswert sind die Pfarrkirche St. Laurentius (17. Jh., Wandmalereien) und - etwa 2 km außerhalb - der Mindelsee inmitten eines breiten Schilfgürtels. Das Gebiet steht unter Naturschutz und darf deshalb nur mit fachkundigem Führer betreten werden.

Radolfzell

Eine letzte Ausbuchtung des Gnadensees beginnt bei Markelfingen, der „Markelfinger Winkel". Gegenüber liegt die Halbinsel Mettnau, die zu Radolfzell (28000 Einw.) gehört und - zusammen mit der Insel Reichenau - den Gnadensee vom Zellersee trennt. An dessen Nordufer liegen die Altstadt

che. Ihre größte Kostbarkeit ist jedoch der frühbarocke Rosenkranzaltar (1632) aus der Werkstatt der Brüder Zürn. Im Sockel des „Hausherrenaltars" (18. Jh.) sind die Reliquien der drei Heiligen Senesius, Theopont und Zeno verwahrt, genannt die „Hausherren". Die beiden ersten gelangten mit dem Stadtgründer

Blick von der Hafeneinfahrt auf die Altstadt von Radolfzell.

von Radolfzell, aber auch der Schiffsanleger und Jachthafen, Strandbäder und Bootsvermietung sowie die Segel- und die Surfschule. Zentrum der Altstadt ist das Münster „Unserer Lieben Frau", ab 1436 im Stil der Gotik erbaut und später barock verändert. An dieser Stelle soll Radolf, Sohn einer alemannischen Adelsfamilie und als „Ratoldus" Bischof von Verona, im Jahre 826 seinen Altersruhesitz gehabt haben, eine „Zelle" im Sinne eines kleinen Raums. Sein Grab befindet sich im Innern der Kir-

Radolf in die damalige Fischersiedlung, das Haupt des hl. Zeno, ebenfalls eines Bischofs aus Verona, kam im 11. Jahrhundert dazu. Mindestens seit 1542 stehen die Reliquiare einmal jährlich im Mittelpunkt einer feierlichen Prozession durch die Stadt, an der zeitweise schon bis zu 20 Gemeinden aus der Umgebung teilnahmen. Der Umzug ist gleichzeitig Auftakt zum traditionsreichen „Hausherrenfest", zu dem auch die „Mooser Wasserprozession" mit ihren blumengeschmückten Boo-

Tourist-Information im Bahnhof, 78315 Radolfzell, Telefon 07732/81500, Fax 81510. www.radolfzell.de
Städt. Galerie "Villa Bosch": während der Ausstellungen Di. bis So. 14-18 Uhr.
Stadtmuseum: Di. bis So. 10-12.30 Uhr, 14-17.30 Uhr. Do. bis 20 Uhr.

Münster Radolfzell: Rosenkranzaltar (1632, Gebrüder Zürn).

Radolfzell: Münster-Turm

ten gehört. Bemerkenswert sind auch der Münsterschatz und der Blick vom Turmumgang. Auf dem Marktplatz vor dem Münster erinnert der „Ratoldusbrunnen" an den einstigen Bischof, das Österreichische Schlösschen hingegen an die Zeit der habsburgischen Herrschaft - mit kurzer Unterbrechung - von 1298-1806, als Radolfzell Württemberg zugeschlagen wurde. Das stolze Gebäude mit seinem typischen Staffelgiebel entstand ab 1619 als Residenz des Erzherzogs Leopold Wilhelm und ist heute Stadtbibliothek. Etwa ebenso alt ist das stattliche „Reichsritterschaftsgebäude zum Georgenschild", heute Amtsgericht, bei dem allerdings der damals modern werdende Barockstil bereits zum Durchbruch kam. Hier tagten zwischen 1609 und 1805 regelmäßig die Angehörigen der Hegauritterschaft, die hier auch ihren Verwaltungssitz hatte. Auch alle anderen sehenswerten Bauten konzentrieren sich um Markt und Münster: die Stadtapotheke mit ihren hübschen Barockerkern, die gotische

Kapelle des Spitals (16. Jh.) und das Kapuzinerkloster, während die Reste der mittelalterlichen Befestigung samt den drei erhaltenen Türmen und der heutigen Grünanlage den Verlauf der Stadtmauer markieren. Beim Pulverturm gelangt man vom Stadtgarten in die Seestraße. Hier am Durchgang hat sich Radolfzells ältestes Stadtviertel noch in Resten erhalten, der „Griene Winkel", wo einst bevorzugt Fischer und Bauern lebten. Am nördlichen Ende des Stadtgartens erreichen wir eine moderne, glasbedeckte Passage mit vielen Boutiquen und kleinen Läden, daneben aber auch den alten Höllturm und das Stadtmuseum, den „Fürstenberger Torkel" und die "Untere Hölle" (1540-1760 im Besitz der Grafen von Fürstenberg) mit einem sehenswerten Wappen.

Auf der Mettnau hat die Stadt ihr Kur- und Erholungszentrum mit Sanatorien, Kurmittelhaus und Strand-

Radolfzell: Barockportal (ab 1620) am Österreichischen Schlösschen.

café. Hier steht auch das ansprechende „Scheffelschlössle", das 1878 der Dichter Victor von Scheffel als Al-

terssitz erbauen ließ. Östlich bildet das Naturschutzhaus Mettnau die Begrenzung der von Menschen bebauten Zone zum Naturschutzgebiet, wo auf 140 ha Streuwiesen und Schilfgebiet Hunderte von Vogelarten sowie auch Fledermäuse mindestens zeitweise ihr Domizil haben. Naturfreunde haben an Wochenenden die Möglichkeit einer fachkundigen Führung. Auch vom Floerickeweg, der vom Sanatorium quer über die Halbinsel zum Mettnauturm führt, haben sie einen kleinen Einblick mit einer Steigerung am Aussichtsturm selbst, der einen herrlichen Rundblick über die Halbinsel und die sie umschließenden Teile des Untersees freigibt. Als weiterer Beobachtungsweg empfiehlt sich der „Naturpfad" zwischen der Strandbadstraße und dem Gnadensee. Wer beschauliche Spaziergänge in gepflegten Parkanlagen bevorzugt, dem seien die Istres-Promenade und der Mettnau-Park empfohlen, die sich beide am „kultivierten" Ufer des Zellersees entlang ziehen, wo die Stadt ab 1958 ihre Kuranlagen untergebracht hat. Durch deren Einrichtung wurde sie in den Rang einer ”Kurstadt für aktive Bewegungstherapie" erhoben.

Radolfzell: Mooser Wasserprozession beim traditionellen „Hausherrenfest" im Juli.

Radolfzell: Die Halbinsel Mettnau trennt den Untersee in den Gnadensee - links - und den Zellersee. Oben die Insel Reichenau.

Für Aktivurlauber bietet Radolfzell eine breite Palette von Möglichkeiten, die über alle Arten von Wassersport über Wandern, Radwandern, Reiten u.v.a. bis hin zum Segelfliegen und Motorsegeln führt. Während im Winterhalbjahr die traditionelle alemannische Fasnet im Mittelpunkt steht, sind es im Sommer neben dem genannten Hausherrenfest (3. Sonntag im Juli) die kulturellen Veranstaltungen am Konzertsegel an der Seepromenade, die musikalische Sommerakademie und die verschiedensten Sommerfeste.

11 km westlich von Radolfzell liegt Singen, der Hauptort des an den Bodensee westlich angrenzenden Hegau. Wie die Kegel eines Spiels erheben sich die Reste früherer Vulkane aus der fruchtbaren Ebene. Im Tertiär entstanden, sind durch die Abtragung heute nur noch die einstigen Füllungen der Schlote übrig geblieben. Diese exponierten, aussichtsreichen Punkte wie der Hohenstoffeln, der Hohenkrähen und der Hohenhewen (846 m) waren im Mittelalter fast alle mit Burgen befestigt. Der berühmteste Vulkankegel und zugleich Hausberg Singens ist der Hohentwiel (686 m), der zum einen eine herrliche Aussicht über den Bodensee und die Alpen bietet, zum anderen auch zu einem Rundgang durch die weitläufigste Festungsruine Deutschlands einlädt.

Halbinsel Höri

Wie eine Speerspitze, die auf die Insel Reichenau zielt, ragt die Halbinsel Höri in den Untersee und trennt diesen vom Zellersee. In ihrer Mitte erhebt sich der bewaldete Schiener Berg bis auf 708 m, der das Bodenseegebiet vom Hegau abtrennt. Zu seinen Füßen erstrecken sich ländlich-idyllische Dörfer, umgeben von Obstplantagen und Feldern auf

uraltem Siedlungsraum. Die teilweise breiten Uferstreifen zwischen den Ortschaften dagegen blieben weitgehend sich selbst überlassen und stehen heute unter Naturschutz. Von ihnen und den aussichtsreichen Wanderungen in das Gebiet des Schiener Bergs profitiert heute der Fremdenverkehr.

Die Fahrt entlang der Uferstraße führt

Blick über Steckborn (Schweiz) und den Untersee auf die Halbinsel Höri.

Tourist-Information, Klosterplatz 1, 78337 Öhningen, Telefon 07735/819-20, Fax 819-30. www.oehningen.de
Heimatmuseum Höri-Fischerhaus Wangen: April bis Mitte Oktober Di. bis Samstag 11-17 Uhr, Sonn- und Feiertage 14-17 Uhr.
"Hörimuseum" in Gaienhofen: Mitte März bis Oktober Dienstag bis Sonntag 10-17 Uhr, November bis Mitte März Freitag + Samstag 14-17 Uhr, Sonntag 10-17 Uhr.
Otto-Dix-Haus in Hemmenhofen: Eine Woche vor Ostern-Oktober Dienstag bis Samstag 14-18 Uhr, Sonn- und Feiertage 11-18 Uhr.

Halbinsel Höri: Fachwerk-Bauernhaus (1839) in Bankholzen.

uns zunächst nach **Moos** (2800 Einw.), bekannt für die historische Wasserprozession, die seit dem Gelübde von 1797 alljährlich nach Radolfzell führt, und das Büllefest, das einmal im Jahr in einem der Ortsteile stattfindet und der roten Zwiebel („Bülle") gewidmet ist, die man im Gebiet anbaut. Im folgenden Ortsteil **Iznang** wurde der Naturheilkundler Franz Anton Mesmer (1734-1815) geboren. Sein Geburtshaus und eine Gedenkstube im Gasthaus „Adler" sind zu besichtigen. Bei **Horn**, einem Ortsteil von Gaienhofen, haben wir bereits die Spitze der Halbinsel erreicht. Neben hübschen Fachwerkhäusern gefällt die im Kern romanische Kirche besonders durch ihre erhöhte Lage und den schönen Ausblick. Im Innern sind ein Rokoko-Hochaltar von 1764 und zwei gotische Altarflügel zu besichtigen. Die folgen-

den Orte **Gaienhofen** und **Hemmenhofen** zogen durch ihre beschauliche Lage am schönen Untersee eine ganze Kolonie von Künstlern an: die Schriftsteller Hermann Hesse und Ludwig Frinckh sowie die Maler Erich Heckel, Otto Dix und Max Ackermann. Dokumente aus ihrem Schaffen findet der Besucher im Hermann-Hesse-Haus, im Höri-Museum (Gaienhofen) und im Otto-Dix-Haus (Hemmenhofen). Schloss Gaienhofen (um 1700, heute Internat) geht auf eine fürstbischöfliche Burg zurück, nach deren Umbau hier die Obervögte der Konstanzer Bischöfe wohnten. In Hemmenhofen gefallen die schönen Fachwerkhäuser, ehemalige Fischerhäuser, die große ehemalige Zehntscheuer und die Sebastianskapelle (18. Jh.). Auf unserem Weg in Richtung Rhein passieren wir **Schloss Marbach**, das

129

Ein Künstler in seinem Atelier.

Otto-Dix-Haus: Wandmalerei im Keller.

in einem schönen Park liegt und aus einer alten Raubritterburg hervorging. Kurz danach kommen wir nach **Wangen**, einem weiteren kleinen Ferienort am See. Das älteste seiner malerischen Fachwerkhäuser, das Fischerhaus (um

1600), dient heute als Heimatmuseum. Hier sind u.a. Funde aus der Pfahlbauzeit sowie Versteinerungen aus den Öhninger Steinbrüchen ausgestellt. Sehenswert in **Kattenhorn** sind die Glasfenster der modernen Petruskir-

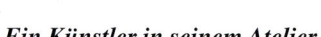

Höri: Rosenbeete vor dem ehemaligen Chorherrenstift in Öhningen.

che. Sie wurden nach Entwürfen des Expressionisten Otto Dix gefertigt. Die kleine Ortschaft besitzt außerdem ein Schloss, dessen Ursprünge auf das 12. Jahrhundert zurückreichen, und die Blasiuskapelle von 1520.

Hauptort der mit 3600 Einwohnern größten der drei Höri-Gemeinden ist **Öhningen**, ein weiterer Erholungsort im Einzugsgebiet des Schiener Berges. Sein Chorherrenstift wurde bereits 965 in einer Urkunde genannt und gelangte 1255 als Propstei zum Bistum Konstanz. Die Konventbauten entstanden um 1700. Im heutigen Pfarrhaus ist eine wertvolle Stuckdecke aus der Epoche der Renaissance erhalten, in der Kirche das Chorgestühl sowie kunstvolle Schnitzfiguren aus dem Barock. Im Ort finden sich noch einige historische Fachwerkhäuser aus dem 15.-19. Jahrhundert.

Eine ebenfalls landschaftlich ansprechende Strecke führt über 4 km hinauf in Richtung Schiener Berg. In Öhningens Ortsteil **Schienen** steht die schlichte romanische St.-Genesius-Kirche (11. Jh.), eine dreischiffige ehemalige Kloster- und Wallfahrtskirche mit

Höri: Madonna von Schienen.

ursprünglicher flacher Holzdecke. Der Ort ist ein besonders geeigneter Ausgangspunkt für Wanderungen auf den Schiener Berg. Von hier oben wie von anderen Punkten im Gebiet genießt der Wanderer eine herrliche Aussicht.

Romantischer Sonnenuntergang am Bodensee.

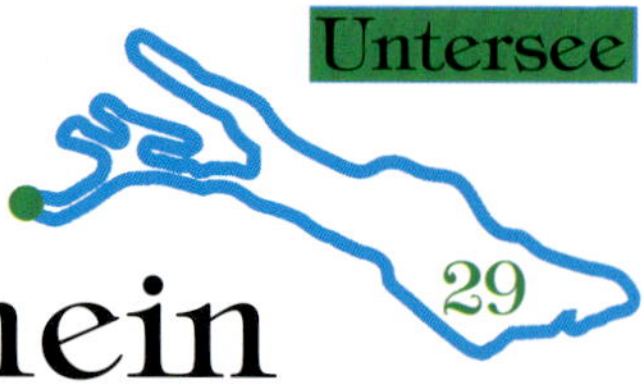

Stein am Rhein

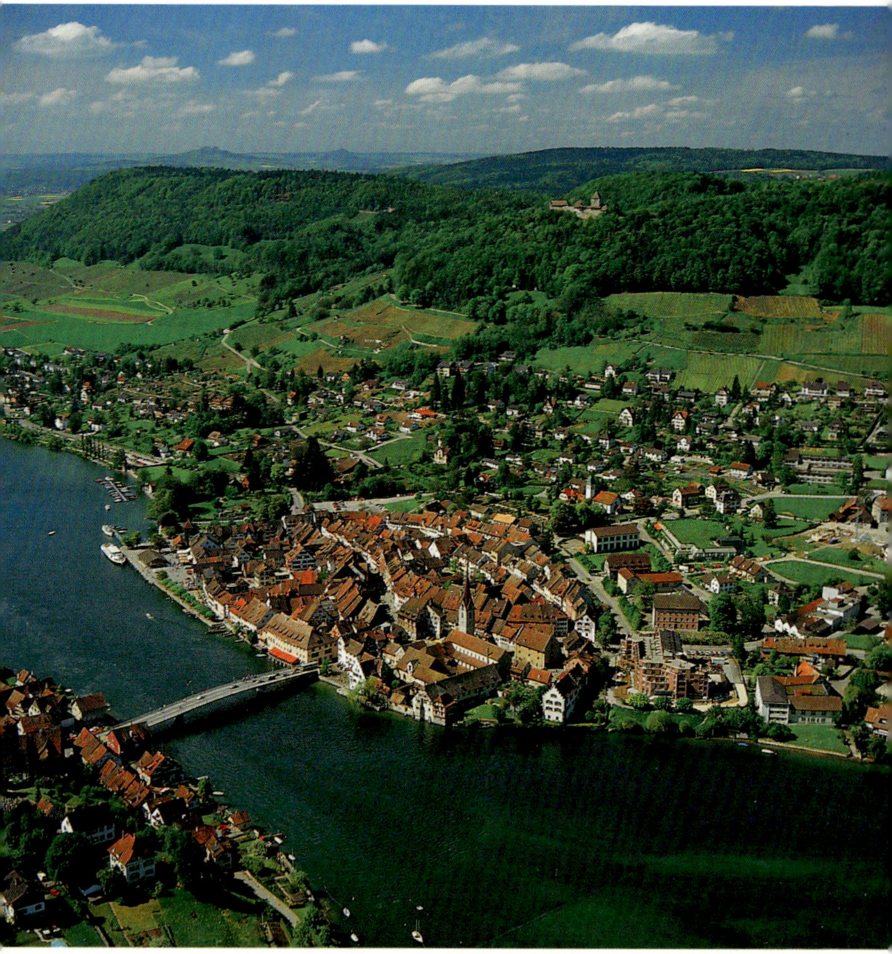

Blick aus der Luft auf das romantische Städtchen Stein am Rhein.
Am Berghang die Burg Hohenklingen, links vom Rhein der Stadtteil Burg.

*Tourismusbüro, CH-8260 Stein am Rhein, Telefon 052/7422090, Fax 7422091,
Auslandsvorwahl aus D (0041) www.steinamrhein.ch*
Klostermuseum St. Georgen: *April bis Oktober täglich außer Montag 10-17 Uhr.
Karfreitag geschlossen.*
Museum zum Lindwurm: *März bis Oktober täglich 10-17 Uhr.*

Stein am Rhein: malerische Häuserzeile am Rathausplatz.

Von Öhningen sind es 3 km nach Stein am Rhein (3000 Einw.). Auf halber Strecke passieren wir die Grenze zur Schweiz, zu der mehrere rechtsrheinische Gebiete gehören. Inzwischen hat sich der Untersee allmählich immer weiter verengt und bei der Insel Werd beginnt der Hochrhein. Erst hier gab es in früheren Zeiten wieder die Möglichkeit eines Brückenbaus, ca. 25 km westlich von Konstanz. An dieser strategisch und verkehrsmäßig günstigen Stelle, die schon vor 5000 Jahren von den Pfahlbauern besiedelt war, unterhielten die Römer eine Brücke als Verbindung zwischen dem befriedeten Rätien und dem oft unruhigen Germanien und sicherten sie durch ein Kastell im Bereich des heutigen Stadtteils Burg. Im Jahr 1005 wurde hier ein Benediktinerkloster gegründet. Der Ort erhielt bald das Münz- und Marktrecht, wurde 1267 erstmals als Stadt erwähnt und 1457 zu einer freien Reichsstadt, ehe er sich 1484 der

Eidgenossenschaft anschloss.

Da die reiche mittelalterliche Bausubstanz weitgehend erhalten blieb, gehört die Kleinstadt heute zu den meistbesuchten Fremdenverkehrsorten der Schweiz, genannt „Rothenburg am Hochrhein". Neben der Stadtmauer mit Wehr- und Tortürmen besitzt Stein eine Vielzahl erker- und freskengeschmückter Bürgerhäuser aus dem 16. und 17. Jahrhundert. Die meisten von ihnen stehen um den malerischen Rathausplatz und seinen Brunnen verteilt wie das spitzgiebelige Haus „Vordere Krone" sowie die Häuser „Zum Hirschen", „Zur Krone", „Steinerne Traube" und „Zur Sonne". Beachtenswert sind vor allem die Fresken am „Roten Ochsen", (Andreas Schmucker, 1615, Szenen aus dem Alten Testament und der antiken Mythologie) und am „Weißen Adler". Letztere sind Werke von Thomas Schmid (16. Jh.) nach Motiven aus der berühmten Novellensammlung des „Decamerone". Das

*Stein am Rhein, Kloster St. Georgen: Festssaal für Abt David von Winkels-
heim (1499-1525) mit wertvollen Wandfresken.*

Rathaus selbst entstand 1539 und beherbergt eine Historische Sammlung
mit wertvollen Glasmalereien.
Südöstlich vom Rathaus steht, an das
Rheinufer grenzend, das ehemalige
Kloster St. Georgen. Seine heutigen
Gebäude stammen aus dem 14. - 16.
Jahrhundert und sind großtenteils als
Museum zu besichtigen. Besondere
Beachtung finden vor allem der Festsaal mit seinen schönen Wandgemäl-
den (1515/16) von Thomas Schmid
und Ambrosius Holbein, die spätgotischen Refektorien und Wohnräume
der Äbte sowie der Kreuzgang und
die ehemalige Klosterkirche, eine
schlichte romanische Basilika (12.
Jh.). Westlich vom Rathaus zeigt ein
Puppenmuseum mehr als 400 historische Exemplare dieser beliebten
Spielzeuggattung.
Auf der linken Rheinseite erhebt sich
auf dem Burghügel die Pfarrkirche St.
Johann, die schöne Chorfresken (um
1400) besitzt. Sie steht im Areal des
einstigen Römerkastells (3. Jh.), dessen Mauerreste erhalten sind. Von hier
oben hat der Besucher eine herrliche
Aussicht auf das mittelalterliche Dä-
chergewirr gegenüber. Die zum Kastell
gehörende Siedlung lag östlich unterhalb des Burghügels, im heutigen
Stadtteil Eschenz am Untersee. Hier
befindet sich auch die Insel Werd, -
heute mittels einer Brücke mit dem
Festland verbunden - auf der einst der
hl. Otmar, erster Abt in St. Gallen, in
der Verbannung starb. Die nach ihm
benannte Otmarskapelle weist sowohl
romanische als auch gotische Mauern
auf.
Im Vorort Wagenhausen, 1 km westlich am linken Rheinufer gelegen, ist
eine weitere romanische Klosterkirche
(11. Jh.) erhalten. Gegenüber erhebt
sich fast 200 m über Stein der Klin-
genberg mit der Burg Hohenklingen.
Zu besichtigen sind die Waffensamm-
lung und Glasmalereien des 16. Jahrhunderts. Eine besonders prächtige
Aussicht ergibt sich vom Bergfried
der mittelalterlichen Anlage.

Stein am Rhein: Das malerische Rathaus, von 1539 bis 1542 erbaut, ist das beherrschende Gebäude auf dem Rathausplatz.

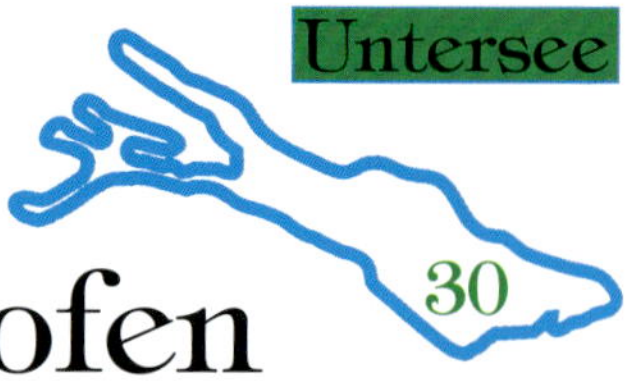

Gailingen und Diessenhofen

Auf dem Landweg nach Schaffhausen durchqueren wir bei Gailingen (2700 Einw.) wieder deutsches Gebiet. In einer Urkunde aus dem Jahr 965 erstmals genannt, gehörte der Flecken bis 1806 als reichsritterschaftlicher Ort zum Kanton Hegau-Allgäu-Bodensee. Aus dieser Zeit stammt das Schlösschen (um 1750). Sein ältestes Bauwerk jedoch liegt am Strandweg im Ortsteil Obergailingen: die um das Jahr 1100 erbaute Nikolauskapelle. Sehenswert ist auch der 1676 angelegte jüdische Friedhof am nördlichen Ortsrand. Mitte des 17. Jahrhunderts hatten sich - mit Genehmigung der Herren von Randegg und des habsburgisch-österreichischen Oberamts in Stockach - jüdische Familien in Gailingen niedergelassen. Um 1850 gab es hier fast ebenso viele jüdische wie christliche Gemeindemitglieder.

Blick von Gailingen (Deutschland) auf Diessenhofen (Schweiz). Über den Rhein führt die überdachte Zollbrücke.

Gailingen: Tourist-Information, Hauptstraße 7, 78262 Gailingen, Telefon 07734/9303-20, Fax 9303-23. www.in-gailingen.de Diessenhofen: Verkehrsbüro, CH-8253 Diessenhofen, Telefon 052/6571077, Fax 6573960, Auslandsvorwahl aus D (0041). www.diessenhofen.ch

Diessenhofen: Der wehrhafte Siegelturm von 1545 gehörte zur Befestigung der ehemaligen Reichsstadt.

Das ehemals von Landwirtschaft und Kleinhandel geprägte Dorf besitzt heute moderne Klinik- und Rehabilitationsanlagen und hat sich zu einem staatlich anerkannten Erholungsort entwickelt, bei dem Obst- und Weinanbau heute nur noch eine Nebenrolle spielen. Immerhin aber sind die qualitätvollen Obstbrände Gailingens auch in der weiteren Umgebung bekannt. Seinen Gästen bietet der Ort Badegelegenheiten im Hallenbad des Jugendwerks (nur abends und an Wochenenden) sowie im jungen, klaren Rhein (Rheinstrandbad), der sich selbstverständlich auch zum Angeln eignet. Andere Freizeitmöglichkeiten sind Kegeln, Tennis und Schießsport. Ein Leseraum in der neuen Tourist-Information und die Gemeindebücherei geben ebenso Gelegenheit zu sinnvoller Betätigung wie die 80 km befestigter Wanderwege,

die immer wieder zu Grillstellen mit Sitzgruppen und zu Aussichtsplätzen am Waldrand führen.

Die überdachte Zollbrücke führt in 10 Minuten Fußweg in die ehemalige Reichsstadt Diessenhofen (3.000 Einw.). Schöne gotische Bürgerhäuser und die Reste der mittelalterlichen Stadtbefestigung (Siegelturm, 1545) sind in dem altertümlich wirkenden Ort ebenso erhalten wie die Pfarrkirche St. Dionysius, die um 1200 entstand und im 15. Jahrhundert gotisch umgestaltet wurde.

Nur wenige Gehminuten unterhalb von Diessenhofen liegt das ehemalige Dominikanerkloster St. Katharinental, das im 13. Jahrhundert entstand und seit 1869 als Altersheim genutzt wird. Die spätbarocke Klosterkirche (1732-35) gilt als eine der schönsten dieser Epoche in der Schweiz.

Schaffhausen

Von Gailingen sind es noch rund 10 km bis Schaffhausen (34.000 Einw.), berühmt durch Europas größten Wasserfall, den Rheinfall. Aber auch die Hauptstadt des Kantons Schaffhausen ist unbedingt einen Besuch wert, denn große Teile ihres historischen Stadtbildes blieben unverfälscht erhalten. Wir empfehlen daher einen Rundgang durch die Altstadt, der bei der Schiffslände - am Rhein unterhalb der Festung

Munot, hier auch Parkplätze - beginnt. Oberhalb führt uns der Römersteig auf die Höhe der eindrucksvollen Festung, einer kreisrunden Bastei an einer strategisch günstigen, erhöhten Position an der östlichen Stadtmauer. Der Munot entstand 1564-1589, als die Stadt bereits dem eidgenössischen Bund angehörte (seit 1501). Über den Wehrturm gelangt man zur Munotzinne, von wo sich eine herrliche Aussicht über die Stadt und den Rhein bietet.

![Schaffhausen: Blick vom Rhein auf die Festung Munot]

Schaffhausen: Blick vom Rhein auf die Festung Munot (16. Jahrhundert).

Tourist-Service, Herrenacker 15, CH-8201 Schaffhausen, Telefon 052/6324020, Fax 6324030, Auslandsvorwahl aus D (0041). www.schaffhauserland.ch
Munot: Mai bis Sept. 8-20 Uhr durchgehend, Okt. bis April 9-17 Uhr durchgehend.
Museum Allerheiligen: Dienstag bis Sonntag 11-17 Uhr;
Hallen für neue Kunst: Samstag 15-17 Uhr, Sonntag 11-17 Uhr.
Museum Stemmler: Sonntag 11-17 Uhr.

Vom Inneren des Festungswerks führt der Munotstieg, beginnend am Fuß des Wehrturms, wieder abwärts zur Unterstadt. Hier halten wir uns gleich rechts und betrachten das Rokokogebäude (Bachstr. 8), die ehemalige Trinkstube der Gerberzunft. Nach dem Überqueren der Bachstraße folgen wir links der Goldsteinstraße, bis wir in das Terrain des ehemaligen Klosters zu Allerheiligen gelangen. Sehenswert sind hier die Rekonstruktion eines Kräutergärtleins, das „Museum zu Allerheiligen" (Sammlungen aus Vorgeschichte und Mittelalter, Naturkundliche und Kunstabteilung mit zahlreichen Wechselausstellungen), das romanische Münster (um 1100) mit einem der schönsten Türme (um 1200) der Schweiz sowie

Nördlich vom Klosterbezirk liegt der Münsterplatz. In seiner westlichen Verlängerung gelangen wir, vorbei am Regierungsgebäude (ehem. Zeughaus mit schönem Portal), auf einen weiteren freien Platz, den Herrenacker. Bemerkenswert sind hier das alte Kornhaus (1679) und das alte Zeughaus (schönes Portal) neben dem modernen Stadttheater. Von hier führt eine schmale Gasse abwärts zum Fronwagplatz, dem früheren Marktplatz. Der Fronwagturm (heute Tourist-Service) stürzte 1746 ein und beschädigte dabei auch die benachbarte Herrenstube (schönes Portal), die Trinkstube des Stadtadels, schwer. Im folgenden Jahr entstanden beide Gebäude im Stil des Barock neu, die astronomische Uhr am

Schaffhausen: Der stimmungsvolle Fronwagplatz war früher Marktplatz der Stadt.

besonders auch der größte Kreuzgang der Schweiz, entstanden im 12./13. Jahrhundert mit Stilelementen der Romanik und Gotik. Er umrahmt den „Junkernfriedhof", auf dem zwischen 1582 und 1874 bedeutende Persönlichkeiten der Stadt ihre letzte Ruhe fanden.
Ein Tipp für Freunde der modernen Kunst: In einer ehemaligen Textilfabrik wurden die „Hallen für Neue Kunst" eröffnet (südlich vom Kloster, Baumgartenstr. 23).

Turm stammt noch von 1564.
Westlich markiert das Obertor die einstige Grenze der Stadtbebauung. In der Häuserzeile davor gefällt die hübsche Rokoko-Fassade des Hauses „Zum Steinbock". Wir aber überqueren den Fronwagplatz aufwärts und passieren zwei Brunnen. Der obere, „Mohrenbrunnen" genannt, ersetzt seit 1535 einen Holzbrunnen. Das Gebäude Vorstadt Nr. 17 am ehemaligen Rindermarkt entstand in seiner heutigen Form bereits 1606 als vornehmes Bürger-

Schaffhausen: Der Tellenbrunnen erinnert an den Freiheitshelden der Schweiz.

Personen aus der Geschichte am Bürgerhaus „Goldener Ochsen".

Schaffhausen: wertvolle Wandmalereien am Haus „Zum Ritter".

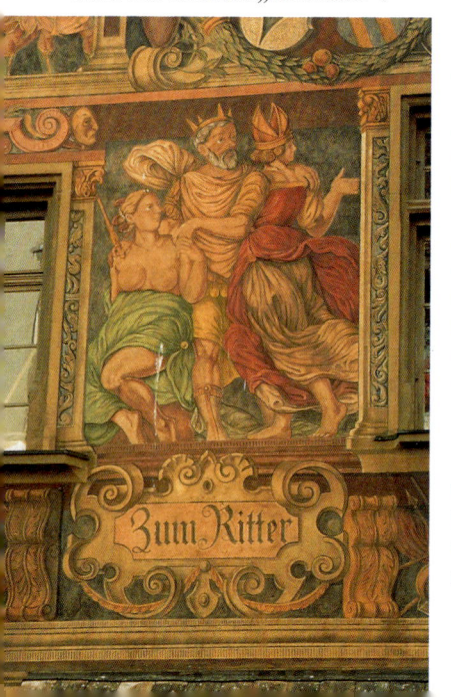

haus mit prächtigem Erker und Portal sowie Fresken mit dem Haussymbol „Goldener Ochsen" und Personen aus der Geschichte des Mittelmeerraums. Am nördlichen Ende der Straße steht das Schwabentor.

Gegenüber dem „Goldenen Ochsen" beginnt die Karstgasse, die in den weiten „Platz" mündet. Platz Nr. 7 ist ein Bürgerhaus von 1746 mit reicher Rokokofassade (Trapezerker, Fensterbekrönungen). In Richtung Rhein passieren wir das Stadthaus und erreichen in der 2. Querstraße die Rathauslaube - rechts gegenüber - und das Haus „Zum Ritter", eines der schönsten Bürgerhäuser. Die kunstvolle Fassadenbemalung fertigte der berühmte einheimische Künstler Tobias Stimmer 1568 bis 1570 als die bedeutendsten Renaissancefresken nördlich der Alpen.

Der Rheinfall bei Schaffhausen, Europas mächtigster Wasserfall, ist eine der attraktivsten Sehenswürdigkeiten der Schweiz. Besonders im Frühsommer donnern hier riesige Wassermassen auf einer Breite von 150 m bis zu 23 m in die Tiefe. Dazwischen haben sich zwei Felsen behauptet. Der größere von ihnen ist mit Bootsstegen versehen und zu besteigen.

Schräg gegenüber erhebt sich die überwiegend gotische Pfarrkirche St. Johann (1248) am ehemaligen Fischmarkt, der heutigen Vordergasse. Etwas weiter östlich (Nr. 28 und 26) steht ein prächtiges Doppelhaus (1738) mit Rokoko-Portalerkern. Der nahe Tellenbrunnen von 1522 erinnert an den schweizerischen Nationalhelden Wilhelm Tell. Von hier aus haben wir nur noch eine kurze Strecke zum Ausgangspunkt unseres Rundwegs durch die malerische Erkerstadt.

Etwa 4 km stromabwärts von Schaffhausen stürzen sich die Wassermassen des Hochrheins auf einer Breite von 150 m 23 m über eine Felsschwelle in die Tiefe und bilden damit den mächtigsten Wasserfall Europas. Eindrucksvoll ist die Gesamtübersicht vom Hotel Bellevue oder auch der Blick vom südlichen Rheinufer bei Schloss Laufen, wo man auf Stegen bis zur Plattform „Känzeli" direkt über dem tosenden Fall vordringen kann. Ein herrliches Bild ergibt sich jedoch auch vom rechten Rheinufer. Auf kleinen Booten kann der Besucher sich von hier aus bis zum größeren der beiden Felsen inmitten des Wasserfalls bringen lassen, der gefahrlos bestiegen werden kann.

Rheinfall bei Schaffhausen:
Blick aus der Luft auf den Wasserfall. Von Schloss Laufen (Vordergrund)

ergibt sich ebenso ein schöner Überblick wie von gegenüber.

Südlich von Rhein und Untersee

Auf der Strecke zwischen dem Rheinfall und dem Ende dieser Rundfahrt in Konstanz (46 km) bleiben wir am südlichen Ufer des Hochrheins und des Untersees. In diesem Gebiet schieben sich die Berghänge bis nahe an das Wasser heran und bieten nur dort weiteren Siedlungsraum, wo sich an Bachmündungen Landzungen gebildet haben wie bei Eschenz im Mündungsbereich des Untersees. Die einstigen Burgen Freudenfels, Liebenfels, Neuburg und Glarisegg sowie die

Probstei Klingenzell dokumentieren die strategische Bedeutung des bewaldeten Seerückens über den Uferstraßen. Eingebettet in Obstgärten, breitet sich im Mündungstrichter des Untersees der idyllische Ferienort **Mammern**, bekannt durch die Privatklinik Schloss Mammern. Sie liegt in einem sehr schönen Park mit altem und exotischem Baumbestand. Die Schlosskapelle gefällt durch ihre historische Ausmalung und die schöne Orgel. Schön restaurierte

Steckborn am Bodensee: Schlösschen Turmhof (um 1320, Türme und Kuppeldach 17. Jh.)

Thurgau Tourismus, Gemeindehaus, CH-8580 Amriswil, Tel. 071/4141144, Fax 4141145, Auslandsvorwahl aus D (0041). www.thurgau-tourismus.ch Napoleon-Museum im Schloss Arenenberg: ganzjährig Dienstag bis Sonntag 10-17 Uhr, von Mitte April bis Mitte Oktober zusätzlich Montag geöffnet. www.napoleonmuseum.tg.ch, Auskünfte unter: Telefon 071/6633260, Fax 6633261

Wohnhäuser und ausgezeichnete Landgasthöfe tragen zur Urlaubsstimmung ebenso bei wie die gepflegten Wander- und Reitwege, die u.a. zur Neuburg führen, der einst größten Wehranlage am Untersee, zum Schloss Glarisegg oder zu den Aussichtspunkten Hochwacht und Steinerner Tisch.

Das Städtchen **Steckborn** (3600 Einw., Stadtrechte seit 1313) besitzt neben den Resten der Stadtmauer und zwei Wehrtürmen eine Reihe weiterer historischer Bauten wie das Rathaus (1669) mit Fachwerk und Treppenturm sowie den Turmhof (1320) am Seeufer, dessen geschweiftes Kuppeldach mit zierlichen Spitztürmchen bewehrt ist. Das Gebäude, gleichzeitig Wahrzeichen der Stadt, ist heute als Museum eingerichtet und zeigt auf drei Stockwerken Funde aus der Jungsteinzeit und der Römerzeit ebenso wie Produkte der bekannten einheimischen Zinngießer und Hafnermeister. Für Erholungssuchende bietet die Stadt große Grünflächen und Strandzugänge, einen modernen Jachthafen

sowie viele Wassersport- und Wandermöglichkeiten.

An der breitesten Stelle des Untersees liegt auf einer weiteren Landzunge das kleine Bauern- und Fischerdorf **Berlingen**, geprägt von eng aneinander gebauten Riegelhäusern. Dem ländlichen Charme des Ortes erlag auch der Maler Adolf Dietrich (1877-1957), dessen Malstube zu besichtigen ist.

Am Hang reihen sich die Ruine Sandeck sowie die Schlösser Eugensberg und **Arenenberg**. Dieses hat sich besonders als **Napoleonmuseum** einen Namen gemacht. Der äußerlich schlichte Landsitz liegt inmitten eines kleinen Parks auf einer weiten Terrasse über dem Ort Mannenbach. Nach der Absetzung Kaiser Napoleons I. (1815) musste auch seine Familie ins Exil, darunter auch seine Adoptivtochter und Schwägerin Hortense de Beauharnais. Als Gemahlin Ludwig Bonapartes, des Bruders von Napoleon, war sie von 1806-1810 Königin von Holland gewesen. 1817 erwarb sie das Schloss Arenenberg und

Ermatingen, ehemaliges Fischerdorf auf einer Landzunge am Untersee.

Napoleonmuseum: Privatsalon der Kaiserin Eugénie (ab 1873) von Frankreich.

stattete es für ihre Bedürfnisse aus. Auch ihr Sohn, der spätere Kaiser Napoleon III. (1852-1870), lebte zeitweise hier, später zusammen mit seiner schönen und einflussreichen Gemahlin Eugénie de Montijo. Vor allem diese beiden Damen waren es, welche die Räume nach ihrem Geschmack gestalteten und mit erlesenen Kunstwerken verschönten. Dabei herrscht bei Hortense die Strenge des

Kirschblüte bei Schloss Arenenberg, Exilsitz der Familien der beiden französischen Kaiser Napoleon I. und III. Jenseits des Untersees die Insel Reichenau.

Empire vor, gepaart mit französischem Mobiliar der Hochklassik, Einrichtungsgegenständen im Stil des einheimischen Biedermeier und Gemälden der Romantik. Eugénie gestaltete ihre Räume um 1873 neu, nachdem das zweite Kaiserreich Frankreichs aufgelöst war. Ihr gefiel die Stilrichtung des Neubarock mit blumigen Stofftapeten, filigranen Schnitzereien und Intarsien und Pariser Gussstuck. Dazu kommt eine Sammlung von Geschenken, die das Kaiserpaar aus aller Welt erhalten hatte, sowie von wertvollen Gemälden und Plastiken. So ist das Museum in der glücklichen Lage, den kompletten Landsitz von zwei Generationen einer kaiserlichen Familie des 19. Jahrhunderts zu präsentieren.

Eine größere Landzunge ist von dem Fischerdorf **Ermatingen** besetzt, bekannt durch Pfahlbaufunde und die altertümliche „Groppenfasnacht", die erst drei Wochen vor Ostern gefeiert wird. In romantischen Gassen gefallen einige malerische Fachwerk- und Fischerhäuser sowie der Treppengiebel des Kirchturms. Die einheimischen Lokale mit ihren Fischspezialitäten zeigen noch heute die Verbundenheit der Gemeinde mit dem See und seinen Produkten. Vom nahe gelegenen Schloss Wolfsberg aus hat der Wanderer einen schönen Blick über den Untersee zur Insel Reichenau und zur Mündung des Seerheins.

Zwei Kilometer vor Konstanz liegt am Seerhein das ehemalige Fischerdorf **Gottlieben**. Im Schloss der Konstanzer Bischöfe (ab 1251) waren während des Konzils (1415) der Reformator Jan Hus und sein Gefährte Hieronimus von Prag sowie einer der damals drei Päpste, Johannes XXIII., gefangen. Das Anwesen ist heute in Privatbesitz, jedoch bietet es vom Seerhein her einen imposanten Anblick. Die idyllische Lage, schöne Fachwerkhäuser, gastliche Hotels und Restaurants sowie zeitgemäße Einrichtungen für den Wassersport trugen dazu bei, den Ort zu einem beliebten Ausflugsziel werden zu lassen.

Mit Konstanz erreichen wir das Ende unserer Rundtour um den Untersee.

Abendstimmung am Untersee bei Mannenbach.

Brauchtum rund um den Bodensee

Obwohl lange vor ihnen bereits die Ostvölker, Kelten und Römer am Bodensee siedelten, haben besonders die Alemannen diesem Großraum ihren Stempel aufgedrückt. Sie bilden noch heute den Grundstock der Bevölkerung, deren Dialekt das unverkennbar alemannische See-Schwäbisch ist. Der am reinsten überlieferte Brauch ist die alemannische Fasnet (Fasnacht), die meist zwischen dem Dreikönigstag und Aschermittwoch mit Bällen und Sitzungen gefeiert wird. In manchen Gebieten der Schweiz dauert die Fasnacht sogar bis drei Wochen vor Ostern. Zur alemannischen Fasnet gehören neben dem Karbatschen-Schnellen (Knallen mit Peitschen) die Narrenbäume, die man am „Schmotzige Dunstig" (Donnerstag vor Fasnacht) im Ort aufstellt und die urigen Masken („Hemdglonker", „Hänsele", „Schnabelgiere" und die allgegenwärtigen Hexen), die den Besucher vor allem während der Umzüge am letzten Fasnachtswochenende erschrecken oder belustigen. Am Aschermittwoch schließlich ist Trauer angesagt: Die Fasnacht wird zu Grabe getragen. Die Narren treffen sich danach in ihrem Stammlokal zum Schneckenessen, das die Fastenzeit einleitet. Am folgenden Sonntag werden dann noch die Hexen verbrannt: Hohe Holz- und Reisigbündel, an einer Stange befestigt und mit Kopf und Körper versehen, werden allerorts rund um den Bodensee angezündet.

Bei festlichen Veranstaltungen und bei Umzügen kommen besonders bei Frauen und Mädchen oft noch die altüberlieferten alemannischen Trachten zu Ehren. Typisch für diese Landschaft sind dabei die kostbar geklöppelten Radhauben, welche die Frauen über dem engen Mieder mit dem Halstuch tragen.

Alemannische Fasnacht am Bodensee: "Hafennarren" in Friedrichshafen.

▲ *Silvesterklaus von Urnäsch*

▲ *Weingeister von Trübbach*

▼ *Hafennarren von Friedrichshafen* ▲ *Überlinger Hänsele* *Kornköffler von Lindau* ▼